히틀러에
맞선
소년
레지스탕스

소년은
침묵하지
않는다

THE BOYS WHO CHALLENGED HITLER: Knud Pedersen and the Churchill Club
by Phillip Hoose

Text Copyright ⓒ 2015 by Phillip Hoose
Maps Copyright ⓒ 2015 by Jeffrey L. Ward
All rights reserved.
This Korean edition was published by Dolbegae Publishers in 2016
by arrangement with Farrar, Straus and Giroux, LLC
through KCC(Korea Copyright Center Inc.), Seoul.

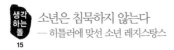

소년은 침묵하지 않는다
— 히틀러에 맞선 소년 레지스탕스

15

필립 후즈 지음 | 박여영 옮김 | 용혜인 해제

2016년 5월 9일 초판 1쇄 발행
2024년 4월 15일 초판 9쇄 발행

펴낸이 한철희 | 펴낸곳 돌베개 | 등록 1979년 8월 25일 제406-2003-000018호
주소 (10881) 경기도 파주시 회동길 77-20 (문발동)
전화 (031) 955-5020 | 팩스 (031) 955-5050
홈페이지 www.dolbegae.co.kr | 전자우편 book@dolbegae.co.kr
블로그 blog.naver.com/imdol79 | 트위터 @dolbegae79 | 페이스북 /dolbegae

주간 김수한 | 책임편집 우진영·권영민
표지 디자인 형태와내용사이 | 본문 디자인 이은정·김동신
마케팅 심찬식·고운성 | 제작·관리 윤국중·이수민·한누리 | 인쇄·제본 상지사 P&B

ISBN 978-89-7199-725-3 44920
ISBN 978-89-7199-452-8 (세트)

책값은 뒤표지에 있습니다.

이 도서의 국립중앙도서관 출판예정도서목록(CIP)은 서지정보유통지원시스템 홈페이지(http://seoji.nl.go.kr)와
국가자료공동목록시스템(http://www.nl.go.kr/kolisnet)에서 이용하실 수 있습니다.
(CIP제어번호: CIP2016010514)

생각
하는
돌

15

히틀러에
맞선
소년
레지스탕스

소년은 침묵하지 않는다

필립 후즈 지음

박여영 옮김

용혜인 해제

돌베개

에이길 아스트루프 프레데릭센

우페 다르케트

모겐스 피엘레루프

헬게 밀로

뵈르게 올렌도르프

모겐스 톰센

크누드 페데르센

엔스 페데르센

결단할 용기를 구하는

세상의 모든

젊은이들에게

차례

2012년 코펜하겐 회화 도서관 바깥에서 저자(왼쪽)와 크누드 페데르센

들어가는 말

2000년 여름, 나는 덴마크로 자전거 여행을 떠났다. 마지막 날, 그 나라의 수도인 코펜하겐의 레지스탕스 박물관에 들렀다. 1940년부터 1945년까지 독일군이 덴마크를 점령했는데, 덴마크인들은 견고한 레지스탕스를 조직해 점령군에게 맞섰다고 알려져 있다. 제2차 세계대전을 통틀어 가장 극적인 일화 중 하나는 1943년 말, 독일군이 덴마크 유대인들을 일제 검거해 죽음의 수용소로 보내기 직전에 덴마크인들이 그들 대부분을 배에 태워 스웨덴으로 보낸 그 유명한 사건일 것이다.

하지만 덴마크 저항운동이 순조롭게 진행되기까지 꽤 오랜 시간이 걸렸다는 사실은 그리 알려져 있지 않다. 박물관 전시물들은 점령기 첫 2년 동안 덴마크인 대부분이 골리앗과도 같은 독일군에게 속수무책으로 압도당했음을 보여 주었다. 그들은 공공장소에 모여 애국적인 덴마크 노래를 부르거나 '왕의 휘장'이라고 불리는 장식품을 사서 가슴에 달고 자랑스러운 덴마크인임을 입증하는 정도로 희망을 이어 가고자 했다.

그러다가 나는 '처칠 클럽'이라는 제목이 붙은 작은 특별 전시와 마주쳤다. 사진, 편지, 만화, 박격포탄과 권총 같은 무기들로 구성된 그 전시는 몇몇 덴마크 십대들, 북쪽 도시에 살던 학생들이 레지스탕스 운동을 시작한 이야기를 담고 있었다. 이 소년들은 싸워 보지도 않고 나라를 독일에 내준 덴마크 당국의 처사에 울분을 느끼고 그들만의 전쟁을 벌였다.

그들은 대부분 윌란이라고 불리는 덴마크 북쪽 지역의 도시 올보르에서 학교를 다니던 9학년생들이었다. 1941년 12월에 열린 첫 모임으로부터 1942년 체포당하기까지 처칠 클럽은 자전거로 거리를 질주하며 24회 이상 조직화된 공격을 가했다. 기물 파손은 곧 방화와 독일군의 주요 자산 파괴로 수위가 높아졌다. 소년들은 독일 소총, 박격포탄, 권총, 탄약, 심지어 기관총까지 훔쳐 모아 무기고를 이루었다. 학교 화학실에서 훔친 폭발물로 비행기 부품이 가득한 독일군 열차 차량에 불을 질렀다. 집에서 정해 준 귀가 시간 때문에 대부분의 활동을 백주 대낮에 벌였다.

처칠 클럽이 감행한 일련의 사보타주(적의 시설물, 장비, 기계 등을 파괴하는 행위나 노동 쟁의 중 태업을 가리키는 말로, 이 책에서는 주로 전자의 의미로 쓰였다.)는 현실에 안주하던 나라 전체를 일깨웠다. 박물관에 전시된 한 장의 사진에서 여덟 명의 소년은 교도소 마당에 어깨를 나란히 하고 서 있었다. 간수가 엄격하게 지켜보는 가운데, 단 한 명만 빼고 모두 번호판을 들고 있었다. 다른 스냅사진에서는 그들의 활동 본부로 알려진 오래된 수도원 앞에서 포즈를 취하고 있었다. 그들은 자신만만하면서도 순진해 보였다. 한 소년은 파이프 담배를 피워 물었다. 면도를 시작한 아이도 몇 명 안 되어 보였다. 목숨을 걸고 나치 점령군을 상대로 대담한 공격에 나선 이들과 가장 거리가 멀어 보이는 이들을 찾으라고 하면 바로 이 학생들 무리를 꼽을 것이다. 이런 면이 분명 그들의 강점 중 하나였다. 화물차를 지키는 독일군 보초들의 경계심을 늦추기 위해 그들의 심부름을 하러 달려가는 소년들의 모습이 눈에 선했다.

이 소년들—이제는 노인들—중 몇 사람이 아직 살아 있다고 박물관 큐레이터가 말했다. 크누드 페데르센Knud Pedersen이라는 사람인데, 그들 중 가장 유명하고 가장 총명한 사람이지요. 그는 시내에서 회화 도서관을 운영하고 있어요. 큐레이터는 페데르센 씨의 이메일 주소를 명함에 적어 주었고, 나는 그걸 받아 윗옷 주머니에 넣었다.

일주일 후 미국으로 돌아와 그 명함을 찾아내고 크누드 페데르센에게 이메일을 썼다. 영어로 쓰인 처칠 클럽 이야기가 있는지 궁금했다.

몇 시간 후 페데르센 씨의 답장이 도착했다.

친애하는 필립 후즈 씨,

처칠 클럽에 관심을 가져 주셔서 감사합니다…… 안타깝게도 이미 다른 미국 작가와 계약을 했답니다…… 도와드릴 수 있는 위치가 아니라서 미안합니다.

그게 끝이었다. 누군가 그 이야기를 나보다 먼저 가져간 것이다. 이런 일이 처음도 아니었다. 나는 우리가 교환한 이메일을 출력해 파일에 넣은 뒤, 거의 10년 넘게 잊고 살았다.

2012년 9월로 돌아가 보자. 나는 책 한 권을 마치고 새 일거리를 찾고 있었다. 옛 자료들을 뒤적이는데, '처칠 클럽'이라고 쓴 마닐라지 봉투가 튀어나왔다. 그 안에는 예전에 크누드 페데르센과 교환한 이메일 출력본이 있었는데, 내가 맨 처음 쓴 메일과 맨 처음 받은 답신이었다. 그가 아직도 건강하게 살아 있는지 궁금했다. 그리고 다른 미국 작가가 과연 책을 썼는지도 알고 싶었다. 만약 그랬다면 내가 알았을 것 같은데. 나는 크누드에게 나를 다시 소개하는 이메일을 급히 작성하고, 보내기 버튼을 누르고, 그날은 노트북을 닫은 채 보냈다.

다음 날 아침, 크누드의 답신이 나를 기다리고 있었다. 그가 말하길 그 미국 작가는 원고를 완성하지 못했다고 했다. 크누드는 이제 나와 자유롭게 일할 수 있었다. 지금 당장이라도. "코펜하겐으로 언제 오시겠어요?" 크누드는 궁금해했다. 나는 달력을 흘끗 보고 "10월 7일부터 14일 사이"라고 적었다. 이메일을 보내자마자 대서양을 통과하는 로켓처럼 그의 답신이 날아오는 소리가 들리는 것만 같았다. "아내 보딜과 함께 공항에서 기다리고 있겠습니다. 우리 집에 머무르시면 됩니다."

나는 비행기를 예약했다.

2주 후, 아내 샌디와 나는 코펜하겐 공항의 수하물 찾는 곳에서 주위 사람들보다 머리 하나는 더 큰 백발의 남자와 그의 아내를 만났다. 그는 화가다운 느낌이 살짝 나도록 옷을 입었다. 아직 시차에 시달리는 우리를 차에 태우고 그는 곧장 쿤스트비블리오테케트Kunstbiblioteket(회화 도서관)로 향했다. 그가 1957년에 세운 곳이었다. 도서관 지하에는 방들이 꽉꽉 들어차 있었는데, 몇몇 방에는 바닥에 닿지 않도록 나무틀에 올려 둔 그림이 수백 점씩 있었다. 마치 도서관에서 책을 빌리듯이, 후원자는 적은 대여료만 내면 그림을 몇 주 동안 가져갈 수 있었다. 만약 그 혹은 그녀가 그림과 사랑에 빠지면, 합리적인 가격에 그것을 구입할 수도 있었다. 작품을 그린 화가는 이미 그림을 팔기로 동의한 상태였기 때문이다. 회화 도서관은 미술이 빵처럼 영혼에 자양분을 공급하는 필수 요소라는 크누드의 굳건한 믿음에서 생겨났다. 그림이 왜 부자들만의 소유가 되어야 하는가? 그래서 그는 이 겸손한 지하 도서관을 시작했다. 최초의 회화 도서관인 이곳은 이제 코펜하겐의 자랑이자 세계적 명소가 되었다.

보딜과 샌디가 지역 명소를 둘러보러 나간 사이, 크누드는 바로 일에 착수하고 싶어 했다. 우리는 사무실 문을 닫고 책상 양옆에 놓인 의자에 자리를 잡았다. 나는 책상 한가운데 녹음 장비를 내려놓고 스위치를 켰다. 우리는 그다음 주에도 거의 꼼짝하지 않았다. 나는 크누드 페데르센의 얼굴에 익숙해졌고, 그는 내 얼굴에 익숙해졌다. 스물다섯 시간 동안 이야기를 나누면서 우리는 식사를 하거나 산책을 하러 나갈 때만 멈췄다.

내가 아득한 옛날 자전거 여행에서 익혔던 덴마크어도 거의 잊었기 때문에 우리는 크누드의 영어에 의존해 대화했다. 크누드는 영어를 막힘없이 구사했지만, 제2언어로 일주일 이상 대화를 나누면서 확실히 피로를 느끼는 듯했다. 그래도 그는 불평하지 않았다.

그 주 동안 크누드는 조국의 지도자 어른들이 어떤 일을 벌이고 무슨 말을 했든 상관없이 덴마크의 자유를 내주길 거부한 중학생들의 이야기를 내게 들려주었다. 1940년 4월 9일, 독일 전투기들이 윙윙 소리와 함께 덴마크 상공에 나타나 덴마크인들에게 그들의 조국이 방금 독일의 '보호국'이 됐음을 알리는 전단을 살포했다. 독일 점령은 덴마크 당국에겐 하나의 기회로 보였다. 우리 말을 따라라. 너희 식량과 교통 체계를 넘겨라. 우릴 위해 일해라. 그러면 너희 도시들이 우리 손에 무너지는 일은 없다. 경찰과 정부는 너희가 운영해라. 너희 가게에서 자재와 상품도 사 주겠다. 너희는 돈을 벌 것이다. 우릴 좋아하는 법을 배울 것이다. 그리고 전쟁이 끝나면 우리와 영광스러운 미래를 함께하게 된다. 그게 싫다면 저항하다가 소멸할 것이다. 덴마크 국왕과 정치 지도자들은 받아들였다.

바로 그날, 독일은 노르웨이도 침공했다. 덴마크와 달리 노르웨이인들은 일찍부터 맞받아 싸웠다. 히틀러가 노르웨이에게 항복을 요구했을 때 노르웨이의 공식 답변은 이러했다. "우리는 자진해서 복종하지 않는다. 투쟁은 이미 시작되었다." 노르웨이 육지와 바다 곳곳에서 국지전이 벌어졌다. 독일은 노르웨이의 핵심 항구와 도시를 점령했지만,

노르웨이군은 험준한 국토 내부로 자리를 옮겨 계속해서 싸웠다. 대가는 엄청났다.

이런 일들이 벌어지자, 덴마크의 산업도시인 오덴세에서 자란 후리후리한 열네 살 학생 크누드 페데르센은 마음 깊이 감정들을 느꼈다. 그중 일부는 태어나서 처음 느낀 감정이었다. 그는 독일의 침략에 즉각 분노했고, 노르웨이인들의 용기에 감명했으며, 히틀러의 제안을 받아들인 덴마크 어른들이 진심으로 창피했다.

크누드와 그보다 한 살 많은 형 옌스Jens는 소년들 한 무리를 불러 모았고, 싸우겠다고 다짐했다. 그들이 '노르웨이 상태'라고 부른 상황을 쟁취하기 위하여. 페데르센 가족이 올보르로 이사하자 크누드와 옌스는 사보타주 활동을 벌이기 위해 용감하고 생각이 비슷한 급우들의 모임을 새로 조직했다. 다른 학생들이 이런 상황을 의식조차 못 하는 사이, 이 소년들은 독일군을 응징하기 위해 자전거를 타고 올보르 거리를 질주했다. 그들이 흠모하는 투지의 영국 지도자 윈스턴 처칠Winston Churchill의 이름을 따서 자신들을 처칠 클럽이라고 불렀다. 독일 점령군은 처음에는 이들을 귀찮게 여기다가 곧 분노했고, 독일군의 무기를 탈취하고 자산을 파괴하는 자들을 체포해 엄벌하라고 요구했다. 그들은 덴마크 당국에 경고했다. 빨리 움직이시오, 아니면 게슈타포가 경찰 조직을 접수할 테니. 추격은 계속되었다. 이 사건들은 널리 알려져 덴마크인 전체를 일깨우고 깊은 감명을 주었다.

1940년 4월 9일 독일 수송기가 덴마크 상공을 날며(위) 코펜하겐에 선전 전단을 살포하고 있다(아래).

1
알린다!

1940년 4월 9일. 평소와 다름없는 아침이었다. 접시들이 달그락거리며 진동하기 전까지는. 그러더니 곧 전면 경계경보 사이렌이 고요한 아침을 깨뜨리며 울려 퍼졌고, 덴마크 오덴세의 하늘이 천둥 같은 소리로 뒤덮였다. 페데르센 가족은 자리를 박차고 일어나 달려 나가서 하늘을 보았다. 비행 중대가 머리 위를 밀집대형으로 시커멓게 뒤덮고 있었다. 불길하게도 지상에서 300미터가 넘지 않을 정도의 저공비행이었다. 날개를 뒤덮은 검은 마크를 보니 독일 전투기였다. 초록색 종이 뭉치가 펄럭이며 흩어졌다.

크누드 페데르센은 몸을 움직여 잔디밭에 떨어진 종이 한 장을 낚아챘다. "OPROP!"라는 말로 시작되는 글이었다. 덴마크어로 '알린다!'라는 뜻인데, 철자가 약간 틀렸다.(원래 단어는 opraab이다.) 독일어, 덴마크어, 노르웨이어가 뒤섞인 이 전단의 수신자는 '덴마크 군인들과 국민

OPROP!

Til Danmarks Soldater og Danmarks Folk!

Uten Grund og imot den tyske Regjerings og det tyske Folks oprigtige Ønske, om at leve i Fred og Venskab med det engelske og det franske Folk, har Englands og Frankrigets Magthavere ifjor i September erklæret Tyskland Krigen.

Deres Hensigt var og blir, efter Mulighet, at treffe Afgjørelser paa Krigsskuepladser som ligger mere afsides og derfor er mindre farlige for Frankriget og England, i det Haab, at det ikke vilde være mulig for Tyskland, at kunde optræde stærkt nok imot dem.

Af denne Grund har England blandt andet stadig krænket Danmarks og Norges Nøitralitet og deres territoriale Farvand.

Det forsøkte stadig at gjøre Skandinavien til Krigsskueplads. Da en yderlig Anledning ikke synes at være givet efter den russisk-finnske Fredsslutning, har man nu officielt erklæret og truet, ikke mere at taale den tyske Handelsflaates Seilads indenfor danske Territorialfarvand ved Nordsjøen og i de norske Farvand. Man erklærte selv at vilde overta Politiopsigten der. Man har tilslut truffet alle Forberedelser for overraskende at ta Besiddelse af alle nødvendige Støtepunkter ved Norges Kyst. Aarhundredes største Krigsdriver, den allerede i den første Verdenskrig til Ulykke for hele Menneskeheden arbeidende Churchill, uttalte det aapent, at han ikke var villig til at la sig holde tilbake af legale Afgjørelser eller nøitrale Rettigheder som staar paa Papirlapper.

Han har forberedt Slaget mot den danske og den norske Kyst. For nogen Dager siden er han blit utnævnt til foransvarlig Chef for hele den britiske Krigsføring.

1940년 4월 9일 독일 비행기들이 덴마크 전역에 살포한 선전용 전단

들'이었으며, 오류투성이 글이었지만 전달하고자 하는 바는 너무나 명확했다. 독일 군대가 덴마크를 침공했으며 이제 이 나라를 점령하겠다는 말이었다. 전단에 따르면 독일은 사악한 영국과 프랑스로부터 덴마크를 '보호'하기 위해 이곳에 왔으며, 덴마크가 독일의 '피보호국'이 되었다고 했다. 그러니 걱정할 게 없다고 했다. 다들 보호받고 있으니까. 덴마크인들은 그냥 살던 대로 살면 된다.

크누드는 이웃집을 둘러보았다. 여전히 파자마를 걸친 채 어안이 벙벙한 사람도 있었고, 불같이 화를 내는 사람도 있었다. 길 건너 아파트 발코니에서는 한 아버지와 두 아들이 엄숙하게 차려 자세로 서서 독

일 비행기들을 향해 오른팔을 경건하게 뻗었다. 길모퉁이 신문 가판대에서 『타잔』 만화책을 파는 장사꾼 안데르손 씨는 하늘을 향해 주먹을 휘둘렀다. 이 네 사람 모두 이후 3년 안에 죽게 될 것이다.

다음 날, 덴마크 수상 토르발 스타우닝Thorvald Stauning과 국왕 크리스티안 10세는 독일이 덴마크를 점령하고 정권을 장악한다는 조약에 서명했다. 덴마크의 공식 입장을 표명한 간결한 성명서가 나왔다.

정부는 이 나라를 더 나쁜 운명으로부터 구한다는 정직한 믿음 아래 이 같은 조치를 취한다. 우리는 국가와 국민을 전쟁의 재앙으로부터 보호하기 위해 끊임없이 분투할 것이며, 이에 국민의 협조를 당부한다.

하루 종일 배와 비행기, 탱크, 수송 차량을 통해 오덴세와 다른 도시들로 독일군이 쏟아져 들어왔다. 베어마흐트Wehrmacht라 불리는 독일 국방군의 일반 보병들은 갈색이 감도는 녹색 군복에 징이 박힌 검은 부츠를 신고 녹색 헬멧을 썼다. 그들은 철저히 준비했고, 시내를 재빨리 접수해 호텔과 공장, 학교에 막사를 세우고 사령부를 차렸다. 공공 광장에 독일어 도로 표지판을 달고, 본부와 작전 상황실, 막사 사이에 기나긴 전화선을 설치했다. 그날이 지날 때쯤 덴마크 영토에는 독일군 1만 6,000명이 들어와 모든 통제권을 손에 넣었다.

어둠이 내려앉자 국방군 병사들이 새 점령지를 탐색하러 거리로 나

1940년 4월 9일 코펜하겐의 한 독일군 병사

섰다. 덴마크에서 세 번째로 큰 도시인 오덴세의 상인들은 독일군을 위해 맥주 통 꼭지를 열고 빵을 팔면서 기뻐했다. 갑자기 큰 손님이 몰렸으니 횡재였다. 독일군이 오덴세의 극장과 술집, 빵집과 카페로 몰려들었다.

저녁이면 독일군은 오덴세 거리로 팔짱을 끼고 행진해 들어와 어깨에 총을 멘 채 우렁차게 독일 민요를 합창했다. 덴마크인들은 호기심에 머리를 기웃거리며 그 모습을 구경했다. 크누드 페데르센도 사람들 틈에 끼여 지켜보았다. "지휘관이 '셋, 넷!'을 외치면 그들은 노래를 불렀다. 낭만적인 사랑 노래와 행진가를 불렀는데, 뭘 부르든 바보 같았다.

우리가 자기네를 진짜로 좋아한다
고 믿는 듯했다. 우리가 그들이 여
기 와 주길 바랐고, 그들을 기다렸
고, 그들에게 감사하고 있다는 듯
이 행동했다."

키가 껑충하고 후리후리한 십
대 소년 크누드 페데르센은 그 4월
의 금요일 아침까지 전쟁이나 정
치에 별 관심이 없었다. 공부를 꽤
잘하는 편이었고, 남학교 소년들

한스 예르겐 안데르센

이 으레 그렇듯 주먹질에도 능했다. 하지만 그가 가장 좋아하는 건 그
림 그리기였다. 토요일 아침이면 크누드는 오덴세 도서관 앞에서 제일
친한 사촌인 한스 예르겐 안데르센Hans Jøergen Andersen과 만났다. 둘은 곧

베저위붕Weserübung 작전

1940년 4월 9일 동이 튼 직후, 상선 한 척이 코펜하겐 랑엘리니에 부두에 정박했다. 평상시라면 덴
마크 경비부대의 지휘 아래 석탄을 싣고 있었을 이 배는 그리스 신화에 등장하는 트로이의 목마처럼
비밀을 숨기고 있었다. 해치가 열리자 선체로부터 독일군들이 쏟아져 나와 도시 전체로 흩어져 주요
시설을 점령했다. 그와 동시에 독일군이 하늘과 바다, 철도, 심지어 낙하산을 통해 올보르 공항 같은
전략적으로 중요한 위치까지 침투하며 덴마크 도시들을 점령했다. 정오가 지난 시각이었다. 손발이
척척 맞아떨어진 이 침공 작전은 덴마크와 노르웨이를 동시에 노렸는데, 북독일을 흐르는 베저 강의
이름을 따서 '베저위붕' 작전으로 불렸다.* 덴마크군은 망연자실 압도당할 수밖에 없었다.

* übung은 독일어로 훈련, 연습이라는 뜻이다.

장 두꺼운 미술사 책들이 꽂힌 서가에 가서 루벤스의 황홀한 누드화나 그리스 여성 조각상이 실린 페이지를 펼치고 스케치를 했다. 두 사람에 겐 옷을 다 걸친 모나리자보다는 옷을 반쯤 걸친 밀로의 비너스 쪽이 백배 더 흥미로웠다.

일요일마다 크누드의 아버지인 에드바르 페데르센Edvard Pedersen 목사 가 개신교 교회에서 예배를 마치고 나면, 페데르센 가족은 교회 사택에 숙모들과 삼촌들, 사촌들을 불러 모아 커다란 가족 모임을 열었다. 삼 촌들은 집무실에서 탁자를 내리치며 빠른 속도로 판을 돌리는 '롱브르' 라는 카드 게임을 하면서 술을 마시고 욕설을 주고받았다. 크누드의 어 머니인 마르그레테 페데르센Margrethe Pedersen과 다른 숙모들은 응접실을 점령한 채 뜨개질을 하고 차를 홀짝이고 끊임없이 이야기를 나누다가, 가끔은 부엌에 들러 시시각각 냄새를 풍기며 슬슬 익어 가는 닭 요리를 들여다보기도 했다. 크누드와 한 살 많은 형 옌스, 두 살 어린 여동생 게르트루드Gertrud, 그리고 아주 어린 남동생 예르겐Jørgen이나 홀게르Holger 같은 아이들은 『로빈 후드』, 『백설공주』, 『로빈슨 크루소』 같은 이야기 들을 저녁에 공연하기 위해 2층 마루에서 배경을 그리고 만들었다. 아 이들은 친구를 하나씩 초대했다. 저녁이 되면 몇십 명의 친구들과 가족 이 모여 웃고 마시고 박수 치면서 배불리 먹고 만족했다. 포근한 고치 안에서의 삶이었다.

크누드는 폴란드가 작년에 독일에 침공당했다는 사실도 그저 어렴 풋이 알 뿐이었고, 히틀러의 집권으로 유대인들이 심각한 위험에 직면

버스에서 침략자를 바라보는 아이들

했다는 것도 알지 못했다. 4월 9일에 독일 비행기들이 날아들기 전까
지 그에게 독일은 그저 국경을 맞대고 있으며 인구는 덴마크의 스무 배
인, 덴마크의 역사와 문화에 과도한 영향을 미치는 깡패 같은 옆 나라
에 불과했다. 심지어 전쟁이 일어나기 전에는 덴마크 학생들이 독일로
공부하러 가서 독일 문학을 배우고 독일 음악을 연주하기도 했다.

　아돌프 히틀러도 크게 위험해 보이지는 않았다. 나치가 집권한 지
4년째인 1937년에 페데르센 일가는 가족 소유의 커다란 녹색 내시 앰
배서더를 타고 독일로 자동차 여행을 떠난 적이 있다. 깔끔하게 다듬은
목초지와 잘 관리한 시골 마을들을 지나면서 크누드의 부모는 히틀러

가 이룬 성과에 찬사를 표했다. 작은 마을과 도시에도 질서와 근면함이 깃들어 있었다. 다른 많은 나라들이 여전히 전 세계를 뒤덮은 경제 대공황의 수렁에서 허우적거리는 반면, 독일인들에겐 일자리가 있었다. 여행이 끝나갈 무렵, 크누드의 아버지는 차 앞 유리에 작은 스바스티카 Swastika 깃발을 꽂았다. 덴마크로 돌아오자 국경 마을에 사는 덴마크 사람들과 나치에 대해 잘 아는 이웃들이 그걸 당장 뽑는 게 좋을 거라고 가족에게 충고했다.

하지만 이제 그런 속 모르던 시절은 지나고 거품은 터졌다. 4월 9일 독일군은 노르웨이에도 밀려들었는데, 노르웨이인들은 떨쳐 일어나 독일이라는 강력한 전쟁 기계에 맞서 싸웠고, 많은 희생자로 대가를 치렀다. 독일이 침공하고 얼마 지나지 않은 이 시기에, 나라를 지키다가 학살당한 노르웨이 군인들에 관한 끔찍한 소식이 나돌았다. 그들 중 많은 이들이 십대 후반이었다.

노르웨이 침공

1940년 4월 9일 독일의 침공은 노르웨이를 126년 만에 전쟁으로 몰아넣었다. 거의 5만 명의 노르웨이군이 동원되었으나 독일의 기세 앞에 속수무책이었다. 독일인들은 해안 도시를 빠르게 점령했고, 그다음에는 산악 전투에 특화된 부대를 보내 험준한 내륙에서 노르웨이군을 상대했다. 노르웨이는 영국의 도움을 기다리며 2개월을 버텼지만, 영국은 너무 적은 군사를 너무 늦게 보냈다. 노르웨이는 1,335명의 사상자를 낸 후 2개월 만에 항복했다. 그 뒤에도 노르웨이인들은 독일과의 전쟁에 필요한 물자를 고국으로 보내기 위해 대규모 상선 함대를 이끌고 바다에서 계속 싸웠다. 독일이 노르웨이 선박 121척 중 106척을 침몰시켜 수천 명이 죽었다. 겨우 잠수함 아홉 척만이 전쟁 기간 동안 살아남았다.

그러는 사이, 덴마크 학생들은 영광스러운 미래가 기다린다는 나치식 선전에 길들어 가고 있었다.

크누드 페데르센: 독일군이 쳐들어왔을 때 나는 8학년이었다. 여름방학까진 두 달이 남아 있었다. 누구나 점령 사실을 의식했지만, 여러 주 동안 선생님들은 우리에게 그 이야기를 입에 담지 말라고 거듭 말했다. 그들을 거스르지 말라는 거였다. 교직원 중에는 독일 동조자가 꽤 많았다. 덴마크에서 독일어가 제2언어가 되었고, 우리가 읽는 책에선 햇살 아래 나가 숲 속에서 야영하고 산에서 뛰놀며 오래된 성을 방문하는 행복한 히틀러 유겐트(1926년 나치스가 14~18세 독일 아리아인을 대상으로 만든 청소년 조직으로, 나치 선전과 선동에 이용되었다.)에 관한 쓰레기 같은 내용이 불쑥 튀어나오곤 했다. 그게 헛소리라는 건 너무나 분명했다.

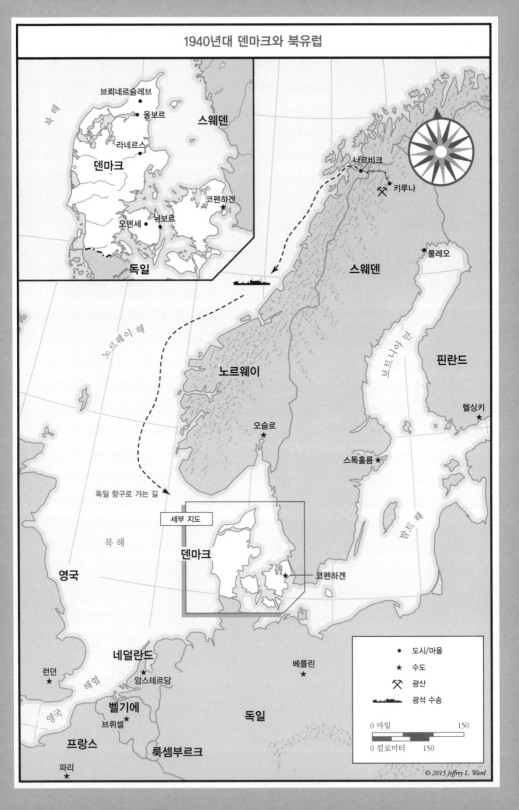

1940년대 덴마크와 북유럽

브뢰네르슬레브

올보르

라네르스

코펜하겐

오덴세

뉘보르

북 해

덴마크

스웨덴

독일

나르비크

키루나

룰레오

스웨덴

핀란드

노르웨이 해

헬싱키

노르웨이

오슬로

스톡홀름

보트니아 만

독일 항구로 가는 길

세부 지도

덴마크

코펜하겐

북 해

영국

런던

해협

영국

네덜란드

암스테르담

벨기에

브뤼셀

베를린

발트 해

독일

프랑스

룩셈부르크

파리

●	도시/마을
★	수도
⚒	광산
🚢	광석 수송

0 마일   150

0 킬로미터   150

© 2015 Jeffrey L. Ward

2
자전거 탄 소년들

덴마크와 노르웨이를 점령하면서, 이제 히틀러는 1939년 폴란드에 이어 두 번째와 세 번째로 다른 나라를 제압하는 데 성공한 셈이었다. 작은 나라일지 몰라도, 나치 정권에게 덴마크 점령은 전략적으로 매우 중요한 성과였다. 독일은 덴마크 철도를 통해 스웨덴과 노르웨이로부터 무기 제조에 필요한 철광석을 실어 나를 수 있었다. 또한 비옥한 덴마크 농토 덕분에 수백만 독일인을 먹여 살릴 버터, 돼지고기, 쇠고기를 확보할 수 있게 되었다. 지형상 영국과 독일 사이에 위치한 덴마크는 더없이 귀중한 완충지대 역할을 했다. 게다가 아돌프 히틀러는 덴마크 인들을 아리아인의 표상이라고 여겼다. 많은 덴마크인들이 금발에 파란 눈을 지녔고, 이는 히틀러가 믿은 완벽한 인간, 즉 '지배 인종'의 전형과도 같았다. 만약 독일이 승리하면 덴마크는 세계를 지배하는 엘리트 종족의 일원이 될 거라고 승인받은 거나 다름없었다.

크누드 페데르센: 옌스 형이랑 사촌들까지 해서 오덴세의 우리 패거리 남자애들은 매일 신문을 읽기 시작했다. 독일군에게 목숨을 잃은 노르웨이 민간인들 이야기가 가득했다. 독일인들이 이미 뉴스 검열을 시작했으니, 이런 보도는 독일의 군사력이 얼마나 강력한지를 독자의 머릿속에 심어 주려는 속셈이었을 것이다. 하지만 그 이야기들은 너무도 끔찍했다. 젊은 노르웨이 군인 스물다섯 명을 마을 한군데에 몰아넣고 처형했다거나 다른 곳에선 서른 명이 죽었다거나 하는 식이었다. 통곡하는 가족들을 경비대가 저지했다. 링에리케에선 젊은 여자 둘이 총탄에 쓰러졌다. 링사케르에서는 무기도 없는 민간인 넷이 총에 맞았는데, 그중 한 사람은 등에 맞은 총탄이 목을 지나 턱을 뚫고 나왔다. 그런 두려움 속에서도 노르웨이인들은 계속 저항했다.

옌스 형과 나, 가까운 친구들은 우리 정부가 너무나 부끄러웠다. 적어도 노르웨이 희생자들은 자랑스러워할 만한 조국을 위해 목숨을 바쳤다. 우리의 작은 군대는 4월 9일에 채 몇 시간도 안 돼서 독일군에 항복했다. 이제 우리에겐 무기를 든 채 군복을 입고 우리를 위해 싸워 줄 사람이 아무도 없었다. 우린 지도자들에게 분노를 느꼈다. 한 가지는 분명했다. 덴마크에서 레지스탕스로 활약할 수 있는 건 훈련받은 군인들이 아니라 평범한 시민들이라는 사실이었다.

처음 몇 주 사이에 모든 것이 바뀌었다. 우리 가족도 그랬다. 안정된 성직자 집안인 우리 가족은 아버지의 예배 활동을 중심으로 정돈된 삶을 살았다. 주중에 아버지가 집무실에서 파이프 담배를 뻐끔뻐끔 피

독일 침공 몇 달 전 크누드 페데르센의 모습. 앞줄에 앉아 입가에 손을 대고 있다.

우면서 설교를 준비할 때면 우리는 최대한 조용히 지내려고 노력했다. 여자들은 응접실에 모여 앉아 어머니와 차를 마셨다. 가끔 우리가 조르면 어머니는 피아노로 모차르트를 연주하기도 했다.

하지만 4월 9일 이후로 아버지는 불안과 적개심을 느끼게 되었다. "주님이 나치들을 용서하시길 빕니다!" 주일 예배 설교단에 선 아버지가 벽력같이 외쳤다. "나는 못 하겠으니까요!"

아버지는 우리가 새로 친구들을 데려올 때마다 조사에 나섰다.

"걔네 아버진 뭘 하시냐?"

아버지는 묻곤 했다.

"나치 아니냐?"

아버지는 옌스 형과 내가 보이스카우트 제복을 입는 것도 허락하지 않았다. 히틀러 유겐트도 제복을 입었기 때문이다. 이제 아버지는 온갖 제복을 다 혐오하게 되었다.

밤이면 우리는 아버지 서재에 모여 영국 라디오 방송에 귀 기울였다. BBC에서 제작된 이 쇼는 늘 베토벤 5번 교향곡의 첫 네 음으로 시작했고, 이어 "여기는 런던입니다." 하는 엄숙하고 자신감 넘치는 목소리가 흘러나왔다. 그러고 나면 공중전과 접전 소식이 나왔다. 내 관심사는 거기 쏠려 있었다.

여름이 다가와 학교로부터 풀려난 우리는 늘 그랬듯이 휴가를 받아 덴마크 서부 연안에 맞닿은 북해로 가족 여행을 떠났다. 시간 낭비나 다름없는 일이었다. 나는 수없이 되뇌었다. 내 나라가 침략당했는데 해변에 누워 일광욕이나 하고 있다는 게 말이 돼? 왜 우린 노르웨이 사람

스카우트 활동에 관한 에드바르 페데르센의 생각

전쟁 기간 동안 보이스카우트와 걸스카우트는 덴마크에서 굉장히 인기가 높았다. 덴마크에는 스카우트 조직이 적어도 열 개가 넘었고, 야외 전역에는 단체로 모여 캠핑이나 집회를 할 수 있는 스카우트 야영소가 몇백 군데 흩어져 있었다. 에드바르 페데르센은 아들인 옌스와 크누드의 스카우트 활동을 막았는데, 제복, 맹세, 지위 체계 등 스카우트 활동이 지닌 군사적 측면을 신뢰하지 않았기 때문이다. 그는 전쟁 기간 동안 덴마크 스카우트 활동이 히틀러 유겐트에 흡수당할까 봐 걱정이 컸다. 히틀러 유겐트는 독일 청소년들에게 증오로 가득한 나치의 인종주의와 민족 우월주의 이데올로기를 주입해 군대를 양산하는 일련의 흐름의 원천이었다. 히틀러가 말한 대로 "청소년을 손에 얻는 자는 미래를 얻는 것"이나 다름없었다.

들처럼 용감하지 않지? 덴마크는 자존심도 없나?

1940년 여름, 오덴세로 돌아갈 때쯤 옌스 형과 나는 같은 결론에 도달했다. 어른들이 나서지 않는다면 우리가 하겠다고.

오덴세로 돌아오고 며칠 뒤 크누드와 옌스는 사촌인 한스 예르겐 안데르센과 친구인 하랄 홀름Harald Holm, 크누드 헤델룬Knud Hedelund과 교회 마당에서 남몰래 모였다. 두 크누드는 학교에서 가장 친한 사이였는데, 페데르센이 헤델룬보다 거의 60센티미터는 더 컸기 때문에 보통 '큰 크누드'와 '작은 크누드'로 통했다.

크누드 페데르센: 이야기 주제는 레지스탕스 모임을 결성할지 말지였다. 옌스 형은 인원이 더 모일 때까지 좀 더 기다려야 한다고 생각했다. 나는 그 반대로, 바로 시작하자는 쪽이었다. 우리가 결과를 보이면 인원이 모일 것이다. 한스 예르겐 역시 행동하는 편을 택했고, 행동할 준비가 돼 있었다. 하랄은 보통 지적인 생각에 잠겨 구름 속을 헤매는 성향이었지만, 이번엔 우리와 마찬가지로 정치가들과 국왕의 행동에 혐오감을 느끼고 있었다.

"우리가 독일인들을 마냥 편하게 대접하면 영국과 프랑스는 우리와 동맹을 맺지 않을 거야."

그는 거듭 말했다. 작은 크누드는 늘 그랬듯 나설 준비가 돼 있었다. 그리하여 그날, 우리 모임은 투표를 통해 탄생했다. 하랄이 영웅적인 영국 공군Royal Air force의 머리글자를 따서 모임 이름을 RAF로 짓자는 의견을 내놓았다.

"자, 모임이 탄생했으니, 이제 뭘 하지?"

우리는 생각에 잠겼다. 우리 수는 적은데 독일군은 많다. 그들은 제대로 훈련받았고 깡패들처럼 잔뜩 무장하고 있다. 우린 무기도 전혀 없고, 완전 무장을 한다 해도 무기를 다룰 줄 모른다. 우리는 상황을 살피기 위해 시내 중앙 광장으로 자전거를 타고 나갔다. 도착하자마자 새로 세운 도로 표지판들이 눈에 들어왔다. 늘 보던 빨간 덴마크식 표지판이 아니라 노란색과 검정색이었다. 검은 화살표가 이곳에서 저곳으로 방향을 가리키고 있었다. 새로 도착한 병사들이 막사와 사령부를 쉽게 찾을 수 있도록 독일인들이 얼마 전에 세운 게 분명했다. 표지판 하나가 나무 가로대에 매달려 있었는데, 딱 알맞은 표적이었다. 우리 중 둘이 자전거를 후진하며 숫자를 세다가, 전속력으로 페달을 밟아 표지판

RAF

1940년 여름과 가을, 오덴세의 소년들은 영국 본토 상공에서 벌어지는 치열한 공중전 소식을 듣기 위해 라디오 방송에 귀를 기울였다. 그들에게 영국 공군 조종사들은 영웅이었다. 독일 공군에 수적으로 크게 뒤졌지만, 폴란드와 체코슬로바키아 그리고 다른 나라 비행 중대의 지원 속에 RAF 조종사들은 영국 하늘을 용맹하게 수호했고 조국의 자유를 지켰다. 고된 전투에서 많은 이들이 희생되었다. RAF의 성공 덕분에 영국 본토를 침략하려던 히틀러의 계획은 수포로 돌아갔다. 조종사들의 이런 용기에 대해 영국 수상 윈스턴 처칠은 1940년 8월 20일 하원 연설에서 다음과 같이 칭송했다. "인류 충돌의 현장에서, 이렇게 많은 사람들이 이렇게 적은 사람들에게 빚을 진 전투는 없었다." 이에 깊이 감명한 오덴세 소년은 그들의 모임 이름을 RAF라고 지음으로써 그들에게 경의를 표했다.

"우리의 자전거가 우리의 무기였다."

양쪽으로 돌진해서 그것을 쓰러뜨렸다. 그리고 다른 표지판들을 비틀어 정반대 방향을 가리키게 만들었다. 방과 직후, 백주 대낮의 일이었다. 많은 사람들이 우리를 목격했고 손가락질하는 것도 보였지만, 우리는 번개같이 공격을 마치고 자리를 떴다. 잽싸게 치고 빠진다, 이것이 RAF 클럽의 방식이 되었다.

우리의 자전거가 우리의 무기였다. 우리는 영국 공군 휘장을 본뜬 동심원들을 자전거 안장에 새겼다. 우리는 이 원들을 볼 때마다 자랑스러움을 느끼고, 영국 조종사들이 비행기를 몰듯 자전거를 몰게 되리라. 나는 검고 녹이 슨 내 자전거에 '철마'라는 별명을 지어 주었다. 우린 오덴세의 피닉스 극장 앞에서 자주 놀았는데, 여기서 서부극을 틀어 줬다. 존 웨인에겐 애마가 있었고, 우리에겐 자전거가 있었다. 존 웨인처럼 우리도 모두 빠르고 대담하게 달렸다.

방과 후 두 번째로 시내에 간 우리는 점령군을 방해할 방법이 더 없을지 찾아보았다. 이번엔 독일군 사령부와 그들이 잠자는 숙소를 잇는 전화선을 발견했다. 전선이 아니었기 때문에 잘못돼도 감전당할 위험은 없었다. 한스 예르겐과 작은 크누드 그리고 나는 자전거를 타고 독일군이 사용 중인 건물까지 전화선을 추적해 갔다. 그랬더니 어느 나무 옆에, 선이 지면으로부터 2미터 정도 위로 낮게 떠 있는 곳이 있었다. 내 키로 쉽게 닿았다. 나는 팔을 쭉 늘여 전지가위로 선을 끊었다. 그다음 몇 주 동안 우리는 이 선들을 끊고 또 끊었다.

히틀러와 자전거

RAF 클럽은 자전거를 이용해 사보타주를 벌인 모임으로는 덴마크 최초일지 모르지만, 이런 저항은 그들로 끝이 아니었다. 사보타주는 전쟁 동안 점점 더 퍼져 갔다. 1944년 10월, 덴마크에 주둔한 독일군 고위 지휘부 우두머리인 헤르만 폰 하네켄Hermann von Hanneken 장군은 덴마크의 모든 자전거를 몰수하라는 명령을 내렸다. 폰 하네켄 장군의 정치 라이벌인 나치 소속의 베르너 베스트Werner Best는 나치 고위 관료들에게 항의 서한을 보내, 식료품 수출 노동자 거의 대부분이 자전거로 일하는데 자전거를 압수하면 독일에 보낼 덴마크 식료품 양이 적어질 수밖에 없다고 지적했다. 히틀러가 이 민감한 문제를 직접 정리하고 나섰다. 10월 26일, 히틀러는 자전거 가게에 아직 남아 있는, 팔리지 않은 자전거만 몰수하라고 지시했다. 그는 이를 시행하면서 소란이 생기지 않길 바랐으나, 덴마크인들은 독일군이 주차장에 세워 둔 자물쇠 없는 자전거들을 징발해 트럭에 쌓아 올리는 모습을 화난 눈으로 지켜보았다. 지하 조직의 신문들은 이 자전거 도둑질이 '히틀러의 비밀 무기'라고 비꼬았다.

1940년 가을 동안 우리는 거듭 공격을 가했고, 오덴세 지역에서 명성을 떨치게 되었다. 우리에겐 특별한 공격 방식이 있었다. 전화선 절단에 관한 이야기가 나돌았고, 엉망이 된 표지판을 모두가 볼 수 있었다. 피닉스 극장 로비에서 다른 아이들이 사보타주에 관해 이야기하는 걸 들은 기억이 난다. 대체 누구래? 다들 궁금해했다.

독일군은 만약 이를 엄중히 단속하지 않으면 자기들이 덴마크 경찰력을 넘겨받겠다고 위협했다. 오덴세 경찰로서는 결코 원치 않는 사태였다. 경찰은 우리를 잡기 위해 경관 여덟 명을 배치했다. 음식을 파는 길모퉁이 가판대에 갑자기 경관이 나타나 질문을 던졌다. 누가 전화선을 잘랐는지 알고 있소? 정보를 아는 사람 누구 없소? 경찰국장은 오덴세 신문을 통해 우리를 체포할 결정적 정보를 제공하는 이에게 300크로네를 지급하겠다고 발표했다.

우리는 그들에게 확실히 주목받고 있었다. 300크로네면 당시엔 석 달 치 공장 임금이었으니까.

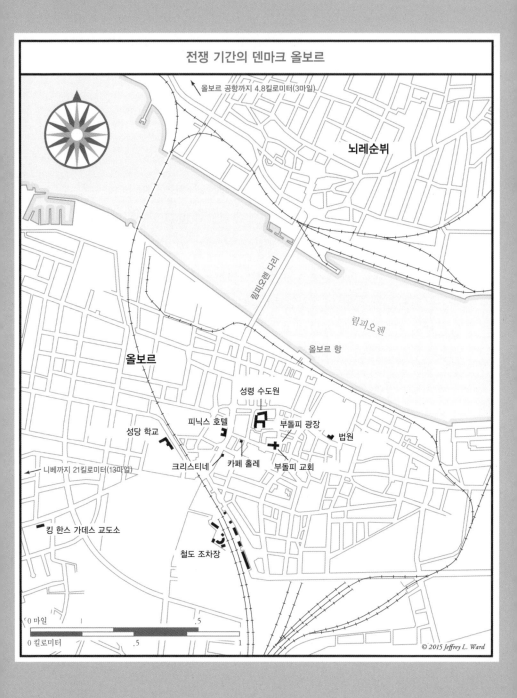

전쟁 기간의 덴마크 올보르

올보르 공항까지 4.8킬로미터(3마일)

뇌레순뷔

림파오렌 다리

림퍼오렌

올보르

올보르 항

성령 수도원

피닉스 호텔

부돌피 광장

법원

성당 학교

크리스티네

카페 홀레

부돌피 교회

니베까지 21킬로미터(13마일)

킹 한스 가데스 교도소

철도 조차장

0 마일   .5

0 킬로미터   .5   1

© 2015 Jeffrey L. Ward

3
처칠 클럽

1941년 봄, 에드바르 페데르센은 새 개신교 교회 목사직을 수락했고 가족들과 함께 북쪽으로 240킬로미터 떨어진, 월란이라 불리는 덴마크 북쪽 지역의 도시 올보르로 이사했다. 크누드와 옌스는 이제 15세, 16세였고 숙모와 삼촌, 사촌들과 헤어지기 아쉽다고 말했다. 일요일 오후의 노곤한 카드 게임과 가족 연극, 그리고 가장 중요하게는 RAF 클럽과도 안녕이었다. 페데르센 형제는 올보르에 더 강하고 기동성 있는 사보타주 부대를 조직하겠다고 맹세했다. 그러자 RAF 소년들은 그들의 면전에 대고 웃으며 "결코 우릴 따라잡진 못할걸." 하고 호언장담했다.

덴마크에서 네 번째로 큰 도시인 올보르에는 독일군들이 득시글했다. 제3제국의 전쟁 입안자들은 전략적으로 중요한 위치에 있는 공항 때문에 올보르에 깊은 관심을 두었다. 1940년 4월 9일, 비행장에 낙하한 몇몇 독일군에 의해 공항이 점거당하고, 물길을 통해 올보르로 이어지는 모든 다리가 차단되었다. 독일군은 즉각 격납고들을 세우고 활주로를 넓히기 시작했다.

군인들을 잔뜩 실은 화차가 도착했다. 그중 상당수는 노르웨이 전투를 향해 가는 길이었다. 곧 올보르 거리에 군홧발로 먼지가 자욱이 일었다. 독일 장교들은 가장 좋은 집과 호텔을 숙소로 점거했다. 무장한 국방군이 식당과 가게, 술집에서 덴마크인들과 뒤섞였다. 일찍이 전투 지역에 배치된 독일군들은 부러운 마음에 덴마크를 '꿀 전방'이라고 불렀다. 덴마크에 배치된 독일군이 치열한 전투가 벌어지는 다른 지역 부대들에 비해 편히 지낸다는 사실을 암시하는 별명이었다.

페데르센 가족은 꼭대기 층이 뾰족하게 솟은, 외풍이 심하고 담쟁이덩굴로 뒤덮인 중세 건물로 옮겨 왔다. 1506년에 지은 이 성령 수도원은 알려진 대로 아치형 통로들로 이어진 건물들의 집합체였다. 몇 세기가 흐르는 동안 수도원은 차례로 라틴어 학교, 병원, 교회, 마을 도서관 역할을 맡았다. 이제 이곳은 에드바르 페데르센의 덴마크 국교회 건물이 되었고 페데르센 가족에게 거주지를 제공했다. 전기 난방을 할 돈이 없어서 마르그레테 페데르센은 매일 아침 동이 트기 전에 일어나 수도원의 석탄 난로 일곱 개에 불을 지폈다. 마르그레테가 촛불을 들고 차가운 수도원 타일 바닥을 조용히 걸을 때면 몇 세기 전에 그려진 프레스코 벽화 속 천사들의 얼굴이 둥근 천장에서 그녀를 내려다보았다. 수도원 벽돌 벽에는 16세기를 살았던 이들의 손이 그들 이름의 머리글자를 새겨 놓았다.

크누드와 옌스는 2층의 이웃한 두 방에 짐을 풀었다. 커튼을 젖힌 크누드는 부돌피 광장의 올보르 우체국 바깥에 새로 광을 낸 독일군 로

올보르 공항이 왜 그렇게 중요했나

덴마크 북부에 위치한 올보르 공항은 노르웨이로 가는 길에 비행기 급유를 할 수 있는 핵심적인 정거장 역할을 했다. 독일은 북대서양 지역에서 부동항들을 장악하기 위해 노르웨이를 꼭 점령해야만 했다. 또한 노르웨이를 점령하면 나르비크 항을 통해 스웨덴의 광산에서 나는, 무기 제작을 위해 반드시 필요한 철광석을 운송할 수 있었다. 독일 해군의 수장 에리히 레더Erich Raeder 제독은 "해군이 스웨덴 철광석 공급원을 확보하지 않는 한 전쟁을 일으키는 건 전적으로 불가능"하다고 말한 바 있다. 따라서 올보르 공항은 덴마크 전체를 통틀어 가장 귀중한 자산이나 다름없었다. 독일군은 영국 전투기들의 공습에 대비해 판자로 만든 가짜 가축들과 모형들을 지상에 흩어 놓아 비행장을 교묘히 위장했다. 상공에서 내려다보면, 초록색으로 칠한 활주로 위의 소와 양 들이 평화로운 덴마크 농장 풍경을 연출했다.

올보르에서 수송기를 기다리는 군인들

올보르의 성령 수도원(정면)

수도원의 '사제 마당'

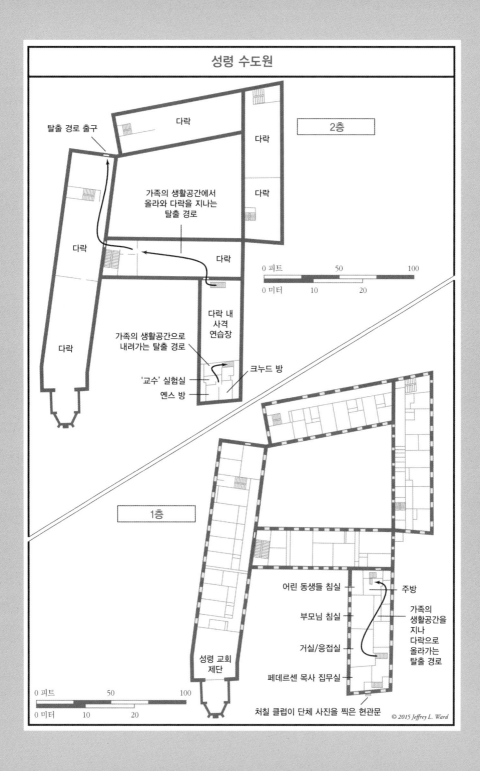

드스터들이 줄지어 서 있는 걸 보았다. 제복 입은 보초 혼자서 차들을 지키고 서 있었다. 완벽한 목표물이라는 게 있다면 바로 저거야, 크누드는 생각했다.

형제는 도시의 지도층 자녀들이 다니는 대학 예비 학교인 성당 학교에 등록했다. 아침마다 수백 명의 학생들이 자전거를 타고 등교했다. 가끔 정신을 딴 데 두기로 유명한 수학 교사가 어린 학생들의 자전거 등교를 이끌기도 했는데, 좌회전 신호를 보내 놓고 우회전을 해 버려 다중 추돌 사고를 일으킨 걸로 유명했다.

크누드와 옌스는 올보르에서 사보타주 활동을 재개하고 싶어 안달이었지만, 처음에는 조심해야 했다. 성당 학교엔 친독일 성향의 학생들과 교직원들이 있었다. 사람들을 살필 시간이 필요했다. 어떤 학생들이 믿을 만할까. 그걸 어떻게 가려낼까.

크누드 페데르센: 사보타주 활동을 하자고 제안해도 좋을 사람이 누군지 가려낼 길이 없었다. 그런 경험을 해 본 사람은 옌스 형과 나뿐이었다. 앉은 자리에선 큰소리를 내는 사람이 밖에 나가 실전을 맞닥뜨리면 겁에 질릴 수 있단 걸 우린 잘 알았다. 학교에서 처음 사귄 친구는 같은 학년인 헬게 밀로Helge Milo와 에이길 아스트루프 프레데릭센Eigil Astrup–Frederiksen이었다. 우리는 같은 반이었고 방과 후에, 가끔은 수도원에서 어울리기 시작했다. 에이길은 성격이 확실한 아이로, 늘 옷을 잘 차려 입었고, 큰 소리로 말하고 그보다 더 큰 소리로 웃고, 여자애들과 잘 지

냈다. 그 애 아버지는 시내 중심지에서 꽃집을 운영했다. 헬게는 이웃 도시인 뇌레순뷔의 잘사는 집 아들이었다. 아버지가 화학 공장을 했다.

얼마 후 우리는 RAF 클럽 얘기를 하고 옌스 형과 내가 올보르에서 사보타주 활동을 벌일 거라고 말해 줘도 될 만큼 그 애들을 믿기 시작했다. 아이들은 그 일에 끼고 싶어 했다. 그래서 어느 날 오후, 우리 셋은 시험 삼아 자전거를 타고 독일군 막사의 전화선을 끊으러 나갔다. 막사는 숲 속에 있었고 주위엔 당연히 독일군 천지였다.

목적지에 가까워지자 에이길과 헬게는 겁에 질렸다. 둘 다 제발 돌아가자고 애원했다. 전화선 끊기는 다음번을 기약하자고. 그래서 그러기로 했다. 나는 이해했다. 활동에 익숙해지려면 시간이 걸리니까. 자전거를 탄 채로 숲을 벗어나던 길에 우리는 덴마크 여자와 수작을 주

1941년에 크누드가 그린 그림. 숲 속에서
독일군이 성당 학교 아이들을 뒤쫓는 모습을 그렸다.

고받는 독일군 네 명을 지나쳤다. 에이길과 헬게가 지나면서 큰 소리로 욕을 했다. 여자를 '야전침대'라고 불렀는데, 독일군과 놀아나는 여자들을 부르는 은어였다. 문제는, 친구들이 나보다 앞서서 독일군들을 지나쳐 갔고, 나는 아직 그러지 못했다는 거였다. 내가 쌩하니 지나가려는데 그들이 따라왔고, 곧 우리를 꼼짝 못 하게 둘러싸고는 총검을 겨누었다. 당장이라도 우릴 찔러 죽일 수 있었다. 우리는 어떻게든 그들을 달래서 위기를 넘기려 했고 겨우 풀려났다.

독일군들은 올보르 어디에나 있었다. 시내에도, 숲 속에도, 부두에도 파리 떼처럼 득시글거렸다. 그중 일부는 일요일에 크누드 아버지의 예배에도 참석했다. 페데르센 목사는 나치에게 영성체를 베푸는 문제를 두고 고심했다. 성당 학교 체육관은 독일군 50명을 위한 막사가 되었다. 여학생들이 운동장에서 운동할 때면 그들은 창가에서 휘파람을 불며 학생들을 희롱했다.

크누드 페데르센: 하루는 옥외 활동 시간에 독일 장교 하나가 운동장을 가로질러 다가왔다. 나는 여긴 그가 나설 곳이 아니라며 맞섰다. 남자애들과 군인들이 모여들어 서로 고함을 지르기 시작했다. 그러자 교장이 계단을 황급히 내려와 나를 밀치며 말했다.

"너, 이 바보 같은 녀석아. 뭘 하는 거냐. 교실로 돌아가!"

교장을 비난할 순 없었다. 학교의 총책임자로서 나서지 않으면 더 큰 일이 벌어질 테니까.

1941년 크리스마스 직전에 나눈 단 한 차례의 대화가 모든 걸 바꾸었다. 우리는 수도원의 옌스 형 방에 모여 있었다. 옌스와 나, 그리고 4학급 중학 A반의 네 친구인 에이길, 헬게, 올보르 시 행정 담당관의 아들 모겐스 톰센Mogens Thomsen, 그리고 낯빛이 창백하고 얼굴이 뾰족하며 말수가 적지만 물리학에 뛰어난 걸로 유명한 반 친구 모겐스 피엘레루프Mogens Fjellerup였다. 형의 친구 둘도 와 있었다. 반에서 1등인 시구르Sigurd와 담배 공장 집 아들로 입이 거친 프레벤 올렌도르프Preben Ollendorff였다.

다들 선생님들한테 드릴 크리스마스 선물을 사러 간다며 나온 참이었다. 우리는 명절 기분에 들떠 파이프 담배를 뻐끔거리며 여자애들 이야기로 웃고, 즐거운 시간을 보내고 있었다. 하지만 늘 그랬듯 모든 얘기는 결국 독일의 덴마크 점령으로 돌아갔다. 당시엔 누구나 가슴속에 담긴 그 주제로 돌아가지 않고 5분 이상 버티는 법이 없었다.

이야기는 진지해져 갔다. 우리는 몸을 맞대고 목소리를 낮췄다. 나치에 저항한 노르웨이 국민들의 처형과 노르웨이 군인들의 대학살에 관한 신문 기사 이야기를 하며 치를 떨었다. 노르웨이인들은 우리 형제였으며, 우리는 그들이 얼마나 용감하게 맞섰는가를 서로에게 상기시켰다. 그에 반해 우리 지도자들은 독일과 손잡고 나치의 비위를 맞췄다.

이게 바로 내가 바라던 토론이었다! 형이나 나와 같은 생각을 가진 학교 친구들을 만나니 흥분이 가시지 않았다. 그들 역시 우리처럼 영국 라디오 방송에 귀 기울이느라 잠을 못 이루었다. 이야기할수록 우리의 분노는 커져 갔다. 웃기지도 않는 상황이었다. 길에서 우연히 독일군을 마주치면 모자를 벗고 눈을 내리깔고 지배 인종 병사의 일을 방해한 데 대해 깊이 사과해야 했다. 그들이 길거리에서 자기네 나라의 바보 같은 민요를 왱왱거리며 부르는 소리를 들어 줘야 했다.

이렇게 참을 수 없는 지경인데도 막상 나설 사람이 있을까. 보통 덴마크인들은 점령당했다는 사실과 점령군을 증오했지만 저항운동을 벌일 거냐고 물으면 이렇게 답할 것이다. "아니, 그럴 순 없어…… 기다리는 게 좋아…… 아직 우린 강하지 않잖아…… 헛되이 피를 흘리게 될 거라고."

방 안이 온통 담배 연기로 자욱할 즈음, 우리는 마음속에 담아 둔 맹세를 꺼냈다. 옌스와 나, 오덴세 시절 RAF 단원들이 나눴던 바로 그 맹세였다. '우리가' 행동할 거라는 맹세. '우리가' 노르웨이인들처럼 할 것이고 덴마크 국기에 묻은 진흙을 닦아 내리라는 맹세. 형과 나는 반 친구들에게 오덴세에서 RAF 클럽이 벌인 저항 활동에 대해 털어놓았다. 우리 머리에 현상금이 걸린 채 그곳을 떠나왔다는 이야기도 했다.

분위기가 더욱 열기를 띠었다. 시구르나 프레벤처럼 나이 많은 애들은 그럴 생각이 전혀 없었다.

"너희들 미쳤구나. 하루 만에 독일군한테 틸리고 말걸! 다 잡혀가고 말 거야!"

하지만 나처럼 나이 어린 친구들은 자랑스럽게 여길 수 있는 조국을 만들기 위해 자신을 바치기로 결의했다.

그 눈 내리는 오후, 우리 형제와 중학 A반 친구들은 노르웨이인들처럼 용맹하게 싸우는 모임을 결성하기로 했다. 우리가 올보르에 레지스탕스를 꽃피울 것이다. 우리는 대영제국 수상 윈스턴 처칠의 이름을 따서 모임을 처칠 클럽이라고 부르기로 했다. 옌스 형이 레지스탕스 조직 구성에 대해 공부해서 내일 같은 시각 같은 곳에서 우리에게 알려 주겠다고 자청했다. 시구르와 프레벤은 우리의 만남에 대해 누구에게도 말하지 않기로 맹세했다. 한 시간 전만 해도 명절 쇼핑에 나선 들뜬 소년들의 모임이었던 처칠 클럽은 다음 모임을 기약하기로 했다.

다음 날, 크누드와 다른 소년들은 사제들의 숙소였던 수도원 부속 건물에 위치한 옌스의 방을 향해 터벅터벅 걸으며 발을 굴러 부츠에 쌓인 눈을 털어 냈다. 처칠 클럽의 첫 회동이었다. 그들은 쿠션이 깔린 소파에 자리 잡은 뒤, 두껍고 육중한 나무 문을 닫았다. 크누드는 다가오는 발소리를 놓치지 않으려고 문 앞에 의자를 놓고 앉았다. 그리고 정말로 누군가가 왔다. 문을 쿵쿵 두드리는 소리에 크누드가 문을 열고 내다보니, 키 작은 금발 소년이 자신을 프레벤의 동생인 뵈르게 올렌도르프Børge Ollendorff라고 소개했다. 형한테 모임 이야기를 들었는데 자기도 끼고 싶다는 것이었다. 같은 학교도 아니었고 나이도 한 살 어렸지만, 누구 못지않게 나치 돼지들을 증오하며 덴마크의 공식 대응은 더욱더 혐오한다고 했다. 소년은 크누드를 지나쳐 방 안으로 들어오더니 불룩

한 담배쌈지를 탁자에 던졌다. 마음껏 피우셔, 그가 말했다. 앞으로도 아버지 공장에서 담배를 가져와 모임에 계속 대 줄 생각이라고 했다. 그야말로 솔깃한 제안이었다. 크누드는 문을 닫고 자리에 도로 앉았다. 뵈르게도 소파에 슬그머니 끼어 앉았다.

크누드 페데르센: 그날 오후 옌스 형이 조직 운영을 위해 계획을 짜 왔다. 훗날 보니, 형이 세운 계획은 전쟁에서 활약한 전문적인 레지스탕스 조직과 상당히 흡사했다. 시작 단계라 사람이 얼마 안 되었지만, 우리는 할 일을 세 가지로 나눴다. 선전, 기술, 그리고 사보타주였다. 우리 조직은 곧 쑥쑥 성장할 것이다.

선전부는 올보르 시에 레지스탕스 정신이 살아 있음을 알리는 반독일 메세지를 남길 예정이었다. 전단을 찍을 스텐실 기계나 등사기가 없었기 때문에 최초의 무기로 페인트를 사용하기로 했다. 우리는 파란색을 골랐다. 자전거로 번개처럼 나타나, 나치에 협력했다고 소문난 상점이나 집, 관청에 '베르네마게르'værnemager 즉 '전쟁으로 이득 보는 놈'이라고 욕을 휘갈겨 쓴 다음, 죽어라고 페달을 밟는 것이다. 그들의 정체를 만천하에 드러낼 생각이었다.

우리는 그날 나치의 스바스티카를 비꼬는 우리만의 휘장을 만들었다. 비뚜름한 십자가 네 끝에 화살이 번개처럼 뻗은 모양이었다. "이게 바로 나치에 대한 혁명의 상징이야!" 우리의 번개 같은 화살이 선언했다. "이 반란의 불꽃으로 나치를 처단한다!"

우리는 우리의 표식인 이 파란 메시지를 길가에 서 있는 나치의 검은 로드스터에 칠할 것이다. 이 발랄한 푸른 줄들을 나치의 칙칙한 막사와 사령부 건물에 바를 것이다. 우리 휘장은 나치 전범인 히틀러와 그의 세 하수인 헤르만 괴링Hermann Göring, 하인리히 힘러Heinrich Himmler, 요제프 괴벨스Joseph Goebbels에게 보내는 죽음의 경고장이 될 것이다.

기술부는 폭탄과 기타 폭발물을 만들 예정이었다. 우리는 시내에 있는 독일군 기물, 특히 비행기 부품을 실은 기차에 큰 타격을 입히기로 맹세했다. 우리는 나치의 얼굴에서 웃음을 지우고 덴마크 사람들을 일깨울 것이다.

'교수'라는 별명을 지닌 모겐스 피엘레루프는 기술부의 귀중한 자산이었다. 물리학에 워낙 뛰어나서 학교에선 그 애에게 아예 실험실 열쇠를 내준 터였다. 그 뒤 몇 주, 몇 달에 걸쳐 교수는 폭탄을 만들 화학 재료들을 훔쳐 냈다. 우리는 돌아가며 교수가 원료들을 혼합하는 걸 조심스럽게 거들었다. 교수는 폭탄이 될 니트로글리세린을 만들어 내는 데 많은 시간을 들였다. 한번은 모임 중에 그가 혼합물을 엎지른 적이 있었는데, 폭발하지 않은 게 천만다행이었다. 하지만 무기는 여전히 필요했고, 진짜 무기를 훔쳐 내기 전까지는 가진 걸로 어떻게든 해 봐야 했다. 그 일엔 교수가 적임자였다.

사보타주를 맡은 활동 단원은 현장 업무를 수행하기로 했다. 물론 그날 그 방에 모인 이들은 하나같이 사보타주에 직접 참여하기를 바랐다. 독일군 자산을 파괴하고 물건을 훔쳐 오는 일이 주요 임무였다. 나

수도원 앞에서 찍은 처칠 클럽 단원들과 친구들의 사진. 뒷줄(왼쪽에서 오른쪽): 에이길, 헬게, 옌스, 크누드.
앞줄(왼쪽에서 오른쪽): 신원 미상, 뵈르게, 신원 미상, 모겐스 F.

역시 자연스레 이쪽에 끌렸다. 대담한 역할을 하는 게 좋았다. 옌스도 굉장히 용감했지만 그래도 설계자 쪽이었다. 형은 문제를 해결하는 걸 좋아하는 반면, 나는 문제를 일으키는 쪽이 체질에 맞았다. 우리 사이엔 늘 마찰이 있었고, 우린 모든 면에서 경쟁했다.

첫 모임의 열띤 논쟁이 끝난 후, 우리는 소극적 부서라고 이름 붙인 네 번째 부서도 창설하기로 했다. 현장 습격에 참여할 만큼 의지에 불타거나 용맹하지는 못해도, 모금을 한다든가 지원자를 모집하는 등 다른 길을 통해 우리를 도울 반 친구들이었다. 예를 들어, 한 친구는 페인트 제조업자의 아들이었다. 몇 주 내로 선전 활동이 시작됐는데, 어느 날 이 친구가 경찰이 아버지의 공장을 방문해 올보르 전역에 칠해진 페인트와 회사 재고를 비교해 보고 갔다는 얘기를 스치듯 꺼냈다. 나는 위험을 감수하고 처칠 클럽에 대해 털어놓은 뒤, 입단하라고 권유했다. 그는 거절했지만 그래도 우릴 돕고 싶다고 했다. 그리고 그 뒤로 우리가 필요로 하는 파란색 페인트를 10리터 묶음으로 여러 개 가져다주었다. 얼마 지나지 않아 소극적 부서는 열 명으로 인원이 늘었다.

새로운 사람을 받아들일 때마다 노출 위험이 커진다는 건 우리도 알고 있었다. 하지만 위험에 대한 계산이 서더라도 기회를 외면할 순 없었다. 사람이 필요했으니까.

우리는 조직을 구성하는 첫 모임에서 몇 가지 일반적인 규칙을 정하며 결론을 내렸다.

- 어른들이 우리 활동을 알아선 안 된다. 우리끼리만 믿어야 한다.
- 학교에 총을 가져오지 않는다. 총이 생긴다면 말이지만.
- 외부인에게 클럽 이름을 거명하는 사람은 즉시 제명된다.
- 마지막으로 가장 중요한 규칙. 처칠 클럽의 활동 단원이 되고자 하면, 중대한 사보타주, 예를 들어 독일군 무기를 훔치는 임무 같은 걸 해내야 한다.

마지막 규칙을 정한 이유는 간단했다. 독일군 무기를 훔치다가 잡히면 처형당할 확률이 높았다. 이를 감수함으로써 모든 단원이 클럽 활동에 크나큰 투자를 하는 셈이었다. 이 규칙이 있으면, 누군가 당국에 클럽을 고발하고 싶어지더라도 자신 역시 처형당할 만한 일을 저질렀으니 감히 나서지 못한다. 법적인 관점에서 보면 우린 모두 유죄였다.

우리는 방과 후에 계속 옌스 형의 큰 방에서 만나기로 했다. 출석을 부르는 걸로 활동을 시작하고, 그다음에 정찰을 나선다. 시내를 여러 구역으로 나누어 자전거로 정찰하고, 수도원에서 다시 만나 정찰에서 건진 기회를 두고 의논하기로 했다. 그래서 기회가 맞다고 판단되면 습격하는 것이다. 주로 대낮에 일을 감행해야 했다. 다들 부모님이 정해 준 통금 시간이 있었고, 어두워지면 나다닐 수 없었기 때문이다. 아쉬울 것도 없었다. 어차피 밤에는 경계가 더 철저해지니까. 적들은 낮 공격에 취약했다. 밤에 일을 벌여야 할 때를 대비해서, 부모님들에게는 브리지 게임 모임을 만들었다고 말하기로 했다. 단원들 중 유일하게 전화가 없는 우리 집에서 저녁에 카드 게임을 한다고 말하면 되었다.

수도원 담장에 어둠이 내려앉고 시간이 늦어지자, 나는 자리에서 일어나 문 앞에 받쳐 둔 의자를 치우고 새 친구들에게 잘 가라는 인사를 건넸다. 오늘 우리는 태어났다. 내일은 행동에 나설 것이다.

어디에나 그려진 처칠 클럽의 표식이 선언했다. "이 반란의 불꽃으로 나치를 처단한다!"

4
숨 쉬는 법 배우기

1942년 1월, 덴마크는 독일 점령 2년째를 맞았다. 덴마크 국민들은 되받아 싸우기보다는 민족적 자긍심을 드러내는 태도로써 독일에 대한 거부 의사를 내보였다. 공공장소에 모여 덴마크 전통 민요를 부르는 사람들이 생겼다. 정부와 연대한다는 뜻으로 귀금속 상점에서 은이나 순금으로 만든 '왕의 휘장'을 사 가는 사람들도 있었다. 일부 학생들은 외국어 수업에서 독일어 배우기를 거부했다.

그러는 동안, 독일 병사들은 점차 덴마크에 자리를 잡아 갔다. 한달 한달 시간이 흐르면서 점령군들은 상점에서 익숙하게 물건을 사고 이 나라의 음식과 문화를 즐기면서 덴마크 생활에 점점 편해져 갔다. 일부 덴마크 공장주들은 무기와 독일 군수물자의 기반이 될 부품들을 만듦으로써 그들의 '수호자들'과 협력했다. 병사들에게 집을 빌려주는 사람들도 있었다. 코펜하겐의 리펠 연합이라는 회사는 독일을 위해 기

관총 5,000정을 제작하는 수주를 따냈는데, 독일군은 덴마크 국립은행에서 기금을 끌어와 그 값을 치렀다. 그들은 도처에서 이런 식으로 돈을 만들어 냈다.

이런 분위기 속에서 처칠 클럽은 활동을 개시했다.

왕의 휘장

크누드 페데르센: 우리는 오덴세에서처럼 올보르에 세워진 독일어 표지판을 대낮에 연이어 공격하며 처칠 클럽의 활동을 개시했다. 짝을 지어 공격하는 경우가 많았다. 한 사람이 날카롭게 휘파람을 불어 독일군의 주의를 돌려 자리를 뜨게 하면, 다른 사람이 뒤에서 나타나 표지판을 반대로 돌려놓았다. 그 덕분에 독일군 부대와 차량들은 엉뚱한 곳을 뱅뱅 돌기 일쑤였다. 망치로 표지판을 후려쳐 바닥에 쓰러뜨리기도 했다. 독일군이 표지판을 다시 세우면 우리는 또다시 쓰러뜨렸다. 전쟁에서 승리하는 것과는 거리가 먼 활동이었지만, 그 덕분에 우리도 훈련을 한 셈이었다. 또한 길거리에서 사람들이 우리의 활약을 알아차리기 시작했다. 누군가는 항복하지 않았다는 사실을.

표지판 습격은 체포당하거나 총에 맞을지도 모른다는 뇌리에 박힌 걱정을 극복하는 데도 도움이 됐다. 우린 그것에 익숙해져야만 했다.

무장한 병사들 사이에서 숨 쉬는 법을 배워야 했다. 위험이나 흥분 앞에서 사람 몸은 전과 다른 반응을 보이게 마련이다. 경험이 없으면 소소한 임무를 수행하다가도 횡격막에 경련이 일어날 수 있다. 그러면 숨을 너무 빨리 쉬게 된다. 조절이 불가능할 정도로 발작적인 웃음을 터뜨리는 경우도 있다. 혀가 느슨해지고, 뭔가 후회할 말을 내뱉게 된다. 우리가 치르는 전쟁은 전방이 따로 없는 전쟁이었다. 사방이 늘 적으로 둘러싸여 있다는 뜻이다. 부모님이나 교사들, 반 친구들 앞에서도 누구에게 무슨 말을 할지 조심해야 했다.

2월쯤 되자, 올보르의 벽들은 처칠 클럽의 페인트로 끈끈해졌고, 독일어로 된 표지판들은 프레첼처럼 휘었다. 크누드와 어린 레지스탕스 대원들은 더 큰 목표물을 노릴 준비가 돼 있었다. 후보는 정해진 것이나 마찬가지였다. 올보르에서 푹스 건설사보다 더 유명한 독일 부역자는 없었다. 그들은 독일군을 위해 올보르 공항에 격납고, 활주로, 건물들을 지었고, 제3제국이 이미 너덜너덜해진 노르웨이를 강타하기 위해 더 많이 출격할 수 있도록 돕는 대가로 큰 이윤을 남겼다. 처칠 클럽이 증오하는 덴마크 정부의 순응적 태도를 상징하는 모든 것들 중에서도 푹스 사는 으뜸이었다.

푹스 사 본부는 올보르 공항에서 활주로와 터미널로부터 멀리 떨어진 곳에 자리 잡고 있었다. 소년들은 그곳에 불을 지르기로 했다.

크누드 페데르센: 어느 겨울 밤, 나는 에이길, 헬게, 뵈르게와 함께 매서운 추위를 뚫고 습격에 나섰다. 에이길이 입단식을 치르는 밤이었다. 그가 잘 해내서 작전이 성공하면 그는 처칠 클럽의 정식 단원이 될 것이다.

어둠 속에서 공격할 몇 시간을 벌기 위해 부모님한테는 브리지 게임을 할 거라고 말해 뒀다. 우리는 수도원 바깥에서 만나서 둘씩 짝을 지어 이 도시에서 가장 위험한 곳을 향해 출발했다. 피오르를 따라 이어진 림피오렌 다리. 이곳은 이웃 도시인 뇌레순뷔와 올보르를 이어 주는 역할을 한다. 이 다리의 뇌레순뷔 방향은 공항 때문에 매우 중요한 위치였다. 독일군은 이곳 양쪽에 탈것을 검사하는 검문소를 세우고 무장한 보초들을 배치해 두었다. 우리는 양쪽 검문소를 무사히 통과해, 교외로 이어지는 눈 덮인 거리를 따라 북쪽으로 향했다.

몇 킬로미터 지나, 올보르 격납고의 거대한 모습이 눈에 들어왔다. 철조망 너머로 보이는 눈 덮인 비행장은 가축들이 점점이 흩어진 농장처럼 보였다. 하지만 가축들은 전혀 움직이지 않았다. 독일군이 나무로 제작한 것으로, 상공에서 보면 중요한 비행장이 아니라 전원을 지난다고 여기도록 만든 위장물이었다. 공항 주 출입구엔 유인 감시초소가 있었지만, 푹스 사 본부는 시설의 어두운 쪽에 떨어져 있었다. '관계자 외 출입 금지'라는 팻말이 붙은 철조망을 잘라 내고 통과하는 건 그리 어렵지 않았다.

우리는 푹스 사 본부 건물로 살금살금 다가가서 잠시 기다렸다. 불이 꺼져 있었고, 감사하게도 경비견은 없었다. 우리는 무슨 소리라도 들리지 않는지 귀를 기울이면서, 임무를 완수할 용기를 끌어모으는 한편 언제든 포기하고 돌아갈 수 있다는 사실을 각자 마음속으로 되새기느라 몇 분간 어둠 속에 멈춰 있었다. 잠시 후 뵈르게가 갑자기 막대기를 움켜쥐더니 유리창 세 개를 박살 냈다. 실로 엄청난 소리가 났다! 에이길 쪽을 보니, 바지가 물줄기로 축축해져 있었다.

창문을 넘으니, 줄지어 놓인 사무 책상과 설계 책상으로 가득한 사무실이었다. 책상 한곳에 설계 도면이 쌓여 있었다. 두 번째 책상에는 청구서와 영수증이 문진 아래 놓여 있었다. 다른 문진 아래에는 다음과 같이 쓰인 명함 다발이 놓여 있었다. "여러분은 나치당원의 방문을 받으셨습니다."

모든 책상과 의자들을 굽어보는 위치에 커다란 히틀러 사진이 걸려 있었다. 우리가 거기 있는 걸 안다는 듯 그의 눈이 차갑게 우리를 주시했다. 우리는 벽에 박힌 못에서 액자를 떼어 내 책상 위에다 박살을 냄으로써 히틀러를 해방시켜 주었다. 사방으로 유리 조각이 튀었다. 우리는 초상을 마룻바닥에 내동댕이치고 그의 얼굴 위에서 차례로 춤을 추었다. 그런 다음 모든 설계도와 영수증과 명함을 한 더미로 쌓아 올린 뒤, 케이크 위에 체리를 올리듯 히틀러의 잔여물로 그 위를 장식했다. 그리고 맨 꼭대기에 베개 하나를 올렸다. 거기에 불을 지르기 직전에, 우리는 타자기 한 대를 발견해 끌어냈다. 구하기도 어렵고 사는 것조차 거의 불가능한 아주 유용한 기기였다. 나중에 알게 됐지만, 수평을 재

푹스 사무실에서 일어난 범죄 현장을 찍은 사진. 신공항 격납고 디자인 설계도가 타서 재로 남았다.

는 기계도 찾아냈다. 이걸로 뭘 할지는 알 수 없었지만, 뭔가 쓸모 있어 보였다. 그런 다음 이 반역적인 쓰레기 더미에 성냥으로 불을 붙이고, 자전거를 향해 뛰었다. 달리면서 뒤를 돌아보니, 어둠을 배경으로 창문을 통해 섬광이 솟구치는 게 보였다. 참으로 멋진 광경이었다!

다음 날 처칠 클럽 모임에서 공격이 우리 소행임을 알리는 명함을 남겨 뒀느냐고 다른 단원들이 물었다. 아니, 그런 짓을 왜 해? 우리가 대답했다. 그럼 푹스 사의 그 앞잡이들이 애국자가 아니라 그냥 일반 범죄자가 저지른 짓이라고 생각하면 어떡해? 쓸쓸하지만 동료들의 지적이 옳았다. 꺾이지 않는 덴마크 애국자들이 부역자들의 심장부를 다녀갔다는 사실을 명확히 밝히지 않았다. 그래서 우리는 망치를 가져다가 훔쳐 온 수평기를 때려 부쉈다. 어차피 그 기계를 어디에 써먹을지도 알지 못했으니까. 그리고 거기에 메시지를 써 붙였다. "우리나라에서 꺼져라, 이 냄새나는 나치 놈들아." 며칠 밤이 지나, 우리는 망가진 기계를 우리의 서명과 함께 전달하기 위해 자전거를 타고 그곳으로 돌아갔다. 푹스 사무실은 완전히 타 버리진 않았고 건물은 건재했다. 하지만 우리가 그들의 계획과 청사진, 기록 들을 파괴한 덕분에 그들이 처음부터 다시 시작해야 한다는 사실은 뿌듯했다.

게다가 우리는 히틀러의 외모를 아주 멋지게 고쳐 주지 않았던가.

점령 기간 중에 코펜하겐 거리에서 말을 타는 국왕 크리스티안 10세

5
레지스탕스의 불꽃

1942년의 첫 몇 달 동안 덴마크는 안데르센의 동화에 더없이 잘 어울리는 나라로 보였다. 특히 세계 여러 곳에서 피로 얼룩진 분쟁의 기운이 나날이 높아져 가는 것과 비교하면 더욱 그랬다. 아침마다 코펜하겐에서는 국왕 크리스티안 10세가 덴마크 국민들과 독일군 양쪽의 경례를 받으며 말을 타고 거리를 거닐었다. 덴마크 외무장관 닐스 스벤닝센 Nils Svenningsen은 독일 최고 사령관 베르너 베스트와 함께 아침마다 출근차를 탔다.

노르웨이 국민과 군인들이 총에 맞아 죽어 가는 동안, 덴마크 유력 사업가들은 독일 장교들과 점심을 함께하며 빵 접시를 앞에 두고 사업 이야기를 나눴다. 실직한 덴마크 노동자들은 독일로 보내져 나치를 위해 일하게 된 반면, 제복을 입은 독일군은 덴마크 여성들과 팔짱을 낀채 덴마크 시내를 활보했다. 1942년 상반기에 많은 덴마크 고위 공무

1943년 덴마크 주재 독일 최고 사령관 베르너 베스트(오른쪽)
와 덴마크 수상 에릭 스카베니우스

원들이 덴마크와 동업 관계인 나치가 전쟁에서 이기기를 바란 건 분명해 보였다.

윈스턴 처칠은 라디오에서 덴마크를 일컬어 '히틀러의 애완 카나리아'라고 했다.

크누드 페데르센: 푹스 사 공격 이후, 우리는 독일군의 탈 것으로 관심을 돌렸다. 파란 페인트와 망치, 자전거라는 무기에 휘발유와 성냥을 더했다. 불 지르기가 우리의 놀이였다. 밖에 나갈 때면 휘발유를 작은 통에 담아 책가방에 쑤셔 넣어 가지고 다녔다. 우린 빠른 공격에 특화돼 있었다. 치고 빠지기.

어느 날, 자전거로 정찰하다가 들판에 보초 없이 세워 둔 커다란 독일군 트럭 세 대를 발견했다. 우리는 각각의 차에 살금살금 다가가, 안에 누가 숨어 있거나 자고 있지 않은지 차창을 들여다보았다. 세 대 다 비어 있었다. 우리 중 누군가가 재빨리 자동차 시트를 찢고 솜을 끄집어내 거기에 가솔린을 뿌렸다. 다른 한 명은 우리의 상징인 번개 달린 파란색 스바스티카를 트럭에 그려 넣었다. 신호에 맞춰 세 번째 단원이

처칠 클럽이 부순 독일 트럭을 찍은 덴마크 경찰의 사진

성냥불을 붙여 운전석으로 던져 넣자, 우리는 번개같이 그곳을 벗어났다. 즉각 불꽃이 치솟았다. 휘발유는 확실한 효과를 발휘했다.

어느 날 오후엔 올보르 외곽의 린흘름 비행장 근처에서 지키는 사람 없는 독일군 트랙터와 마주쳤다. 우리는 또다시 시트를 찢고 상징을 그리다가 문득 아무도 휘발유를 가지고 오지 않았음을 알게 됐다. 가장 어린 뵈르게에게 수도원으로 돌아가서 휘발유를 가져오라고 시키자, 그 애는 싫다며 제비뽑기를 하자고 했다. 우리는 뵈르게에게 가라고 거듭 말했다. 뵈르게는 우리 말을 들은 척도 않더니 가스탱크로 다가가 마개를 뽑고 불붙은 성냥을 던져 넣어 차를 불태워 버렸다.

뵈르게는 늘 그런 식이었다. 그 애는 순진해 보였지만, 사실 그건 가장 위험한 종류의 순진함이었다. 고불거리는 금발에 반짝이는 푸른 눈, 다정한 미소는 천사 같아 보였다. 하지만 그 애가 좋아하는 건 행동이었다. 뵈르게는 두려움을 몰랐고, 영리했고, 발이 빨랐다. 불같은 성품에 입도 걸었고, 그 때문에 간혹 우리를 어려움에 빠뜨렸다. 아직 열네 살밖에 안 돼서 우리 중 가장 어렸지만, 나는 뵈르게가 좋았다. 우리는 불손한 유머 감각을 지니고 있다는 점에서 비슷했다. 그는 오덴세 시절의 친구인 작은 크누드와 닮았다. 둘 다 겁이 없었고, 둘 다 체구가 작았다.

뵈르게와 나는 친해지고 있었다. 그 애는 우리 집에서 서쪽으로 24킬로미터쯤 떨어진 니베라는 작은 마을에 살았는데, 올보르에 있는 학교를 다녔다. 옌스 형은 그 애 형과 아는 사이였고, 덕분에 그 애도 우리에 대해 알게 됐다. 뵈르게는 모임에 가입하고 싶은 마음이 너무나 커서, 우리와 함께하기 위해 니베에서 올보르까지 눈 덮인 거리를 자전거로 24킬로미터씩 오가곤 했다.

두 사람이 필요한 작전에서는 보통 뵈르게와 나, 둘이서 움직였다. 우리는 거의 말이 필요 없는 단계까지 발전했다. 하나가 주의를 딴 데로 돌리면 나머지 하나가 공격했다. 예를 들면 에이길, 옌스, 뵈르게, 그리고 내가 시내에서 울타리 너머에 줄지어 선 독일군 로드스터 몇 대와 마주쳤을 때였다. 가장 가까운 차의 앞자리 시트에 권총 한 자루가 놓여 있는 게 보였다. 우리는 침을 흘렸다. 그걸 가져야만 했다.

울타리 곁에는 무장한 독일 병사 한 사람뿐이었다. 그는 꽤나 따분했던지 맞닿은 거리에서 축구를 하는 아이들을 구경하고 있었다. 뵈르게도 가만 서서 열심히 경기를 구경했다. 공이 우리 방향으로 굴러오자 뵈르게는 쫓아가서 그걸 울타리 너머로 차서 날려 보냈다. 공이 독일군 차 밑으로 떨어졌다. 나는 보초에게 다가가 공을 주워 올 수 있게 해 달라고 간청했다. 병사는 옆으로 비켜서더니 문을 열어 주었다. 나는 울타리 안으로 들어가서 공을 주운 다음, 뵈르게가 보초에게 뭔가 물어보는 사이에 그 차로 달려가 총을 집어 들고 바지 허리춤에 숨겼다. 그런 다음 거리로 터벅터벅 걸어 나와 공을 차서 아이들에게 돌려주고 자리를 떴다.

올보르, 특히 공항 근처에서 발견한 차들을 못 쓰게 만드는 우리의 재주는 갈수록 늘었다. 자동차 방열기 창radiator screen을 순식간에 비틀어 열고, 노출된 부품을 훔치거나 때려 부수는 법도 익혔다. 그러면서 늘 밝은 파란색 페인트로 서명을 남겼다.

우리가 가장 탐냈던 목표물은 내 방 창밖의 부돌피 광장에 가지런히 세워져 있었다. 처칠 클럽 모임 때마다 커튼 너머로 보이던 그것들은 눈에 거슬리는 흉물이자 우리에 대한 모욕이며 모멸이었다. 겨울이 수도원의 오래된 담벼락을 맴도는 사이, 우리는 옌스 형 방에 모여 보초를 죽이는 한이 있더라도 저 차들을 광장에서 끌어내리라 결심하고 갖가지 계획을 의논했다. 우리는 갈수록 무기 사용에 집착하게 됐다. 온통 그 얘기뿐이었다. 우리에겐 권총 한 자루와 수도원 다락에서 찾아

크누드의 방에서 본, 부돌피 광장 주변의 독일군 자동차들

낸 쇠막대기 한 무더기가 있었는데, 정말 이걸로 뭔가 할 수 있을까?

어느 오후, 파이프 담배 연기 너머로 우리는 새로운 공격 계획을 곱씹어 보았다. 목표는 창밖의 저 차들을 폐기시켜 못 쓰게 하는 거였다. 두 사람이 차를 맡아 방열기 창을 뜯고 엔진 부품을 끄집어 내 때려 부수는 동안, 다른 단원들은 보초와 이야기를 나누며—"저, 군인 아저씨, 불 있으세요? 덴마크 말 몰라요? 미안합니다. '성냥'이 독일어로 뭐예요?"—주의를 돌리는 것이다.

만약 보초가 눈치채면, 차 뒤에 숨어 있던 네 번째 단원이 보초 뒤로 다가가 쇠막대기로 머리를 내리친다. 아니면 누군가가 제안한 대로 뒷덜미를 노리는 게 나을지도 모르겠다. 아무튼 죽일 생각이다. 그를 죽이고 나면, 시신을 끌어다 차 밑에 숨긴다. 여기에 다들 동의했다. 우리는 제비를 뽑아 누가 독일군을 때려눕힐지 정했다. 승자—혹은 패자일 수도 있다—는 자리에 앉아 쇠막대기를 몇 번이나 머리 위로 쳐들며 머릿속으로 때려눕히는 연습을 했다.

하지만 실행하지는 못했다. 계획을 짜는 동안 자리에 없었던 두 사람이 그 이야기를 듣고 반대했기 때문이다.

"사람을 뒤에서 때린다고? 그건 우리답지 않아! 우리 규칙을 깨뜨리는 거라고. 독일군이 목표라 해도 비겁한 짓이야!"

클럽을 창단할 때, 우리는 모두 독일군을 죽일 수 있고 그래야만 한다고 맹세했다. 하지만 비참하게도, 때가 오니 준비가 돼 있지 않았다. 우린 다들 중산층 혹은 전문직 부모의 자식으로, 총을 쏘거나 곤봉을 휘두르거나 누군가의 목을 긋는 일 따위 해 본 적이 없었다. 너무 어려서 입대할 수도 없었거니와 덴마크에 군대라곤 거의 남아 있지 않았기 때문에 군 훈련도 못 받았다. 우린 사람 목숨을 빼앗는 일에 뒤따르는 감정이 어떤 것인지 몰랐다. 보통 신병들은 교육이나 기초 훈련을 통해 인격을 뼛속 깊이 박탈당하고 전쟁의 공포에 무감각해지는 걸 임무의 한 부분으로 여기면서 전사로 거듭난다. 앞으로 이 일을 계속해 나가면서 자신을 바꾸고 훈련해야 하는 우리 어린 애국자들이 사람을 죽일 수 있으려면 더 많은 시간과 준비가 필요했다.

부돌피 차 습격 임무는 이렇게 미뤄지긴 했지만 그래도 아예 제외되지는 않았다. 우리가 그걸 해낼 수 있는 단계로 발전하면 된다. 하지만 씁쓸한 기분이 드는 건 어쩔 수 없었다. 특히나 옌스 형이 오덴세에서 사촌인 한스 예르겐이 보낸 암호문 편지를 받았을 때는 더욱 그랬다. 예르겐과 옌스는 전쟁 소식을 안전하게 주고받을 수 있도록 암호를 개발해 냈다. 마리 앙투아네트가 썼던 암호 체계와 같다는데, 두 사

오덴세 RAF 클럽이 파괴한 독일군 자동차들

람은 그걸 현대화해 "덴마크는 모든 국민에게 의무를 다할 것을 요구한
다."라는 말로 암호를 풀 수 있게 설정했다.

한스 예르겐은 RAF 클럽이 오덴세에서 독일군 자동차 열다섯 대를
박살 냈다고 말했다. 우리가 부돌피 광장에서 하려다 실패한 바로 그런
일이었다. 세부 내용은 짧막하게만 쓰여 있었으나 한스 예르겐이 주도
한 게 분명했다. 목표는 차고로 개조한 헛간이었는데, 그 안에는 독일
자동차들과 다른 군수 자재들이 있었다. 그들은 보이스카우트 종일 모

임이 열리는 날 저녁에 그곳을 기습했다. 보이스카우트인 한스 예르겐은 제복을 차려입고 하루 종일 부대 활동에 적극적으로 참여했기 때문에 다들 그를 보았고 그가 거기 있었다고 기억했다.

해가 지자마자 한스 예르겐은 모임을 빠져나와 자전거를 타고 헛간으로 향했다. 평상시 헛간 문을 지키던 보초는 RAF 동조자인 한 소녀가 꾀어낸 덕분에 자리를 비웠다. 한스 예르겐은 안으로 숨어들어 집에서 제조한 폭탄을 설치한 뒤, 짚단에 불을 붙였다. 그런 다음 소방서에 익명으로 전화를 걸어 오덴세 맞은편에 불이 났다고 알렸다. 그러고는 여전히 제복을 입은 채 보이스카우트 모임으로 돌아와 친구들과 어울렸다. 소방대는 미끼를 덥석 물었고, 시내 반대편으로 달려갔다. 옌스 형에게 보낸 메시지에 따르면, 그 멋진 로드스터들이 한 시간도 넘게 불에 타서 뼈대만 남았다고 했다.

그야말로 대담한 습격이었다. 한스 예르겐은 RAF 클럽이 처칠 클럽을 크게 앞섰다고 자랑스럽게 선언했다. 우리는 대꾸할 말이 없었다. 그에 비견할 일을 도모하는 수밖에.

성령 수도원 내부의 복도. 여기저기 복잡하게 뻗어 나간 건물은 비밀 모임에 완벽한 장소였다.

6
전투 준비!

1942년 봄, 눈이 녹기 시작하자 처칠 클럽은 활동 단원과 소극적 부서를 합쳐 스무 명가량으로 인원이 늘었다. 그들은 방과 후에 목표물을 찾는 일정을 계속해 나가면서도 브리지 게임을 하는 척 밤 공격을 더 늘려 갔는데, 주요 공격 대상은 독일군 자동차였다. 신입 활동 단원 중 가장 중요한 인물은 우페 다르케트Uffe Darket로, 에이길이 다른 학교를 다닐 때 알던 친구였다. 에이길은 성당 학교로 전학 온 뒤에도 우페와 연락을 주고받았고, 처칠 클럽에 가입하라고 권유했다. 첫눈에 봐서는 그 누구도 우페가 사보타주에 가담했으리라고 상상하기 어려운데, 늘 옷을 단정하게 차려입고 어른들에게 공손하며 유쾌한 소년이었기 때문이다. 금발의 멋진 외모와 차분한 몸가짐 덕분에 그는 조용하고 믿음직한 느낌을 주었다. 하지만 다른 아이들과 마찬가지로 우페는 용감하고 헌신적이었으며, 분노에 차 있었다. 그는 흔쾌히 제안을 받아들였다.

크누드와 옌스 페데르센은 가족들에게 처칠 클럽에 관한 비밀을 지키느라 고생이었다. 무슨 일이 벌어지고 있는지 들키는 날엔 이 일을 그만둬야 한다는 걸 형제는 잘 알고 있었다. 하지만 어찌 보면 그리 어려운 일도 아니었다. 그들의 부모인 에드바르와 마르그레테는 헤아릴 수 없이 많은 교회 일에 파묻혀 있었다. 여동생 게르트루드는 오빠들이 그렇듯 피차 오빠들 일에 관심이 없었다. 남동생 예르겐과 홀게르는 아직 초등학생이었다.

크누드와 옌스의 방이 층계 꼭대기에 있어 다른 식구들의 생활공간과 분리돼 있다는 것도 도움이 됐다. 소년들은 모여 있는 동안 옌스의 방 앞을 지키며 아무도 올라오지 못하도록 주의를 기울였다. 페데르센 가족은 올보르에 이사 온 후 형제가 새 친구를 그렇게 빨리 사귀었다는 사실에 대체로 만족하는 정도였다.

그와 마찬가지로 성당 학교의 학부모들은 무슨 일이 벌어지고 있는지 거의 알지 못했다. 나중에 반 친구 하나는 "크누드 페데르센이 싸울 것 같았다."라고 썼다. "그 애는 반 아이들 중 몇 명을 생각보다 빨리 자기 주변에 불러 모았다. 그 애들은 보통 운동장 한구석에 자기들끼리 떼로 모여 있었는데, 우리는 아무도 그 이유를 몰랐다." 성당 학교 교직원들은 자기네 학생 몇몇이 더 큰 드라마에 연루돼 있음은 꿈도 못 꾼 채 중간고사에 대비해 공부하라며 학생들을 쪼아 대고 있었다.

무기를 훔치는 일에 점차 능숙해지고 있었지만, 처칠 클럽 단원들은 직접 폭탄을 만드는 일도 멈추지 않았다. '교수' 모르겐 피엘레루프는 수도원 2층의 바닥보다 높이 있는 방을 화학 실험실로 바꿔 놓았다. 거기서 그는 성당 학교 화학 시간에 빼돌린 가연성 재료들을 혼합했다. 그 혼합물들은 처음에는 쉬익쉬익 소리를 내며 꺼지기 일쑤였다. 하지만 실패를 겪을 때마다 교수는 자신이 목표에 점점 더 가까워지고 있음을 알았다.

크누드 페데르센: 어떤 때는 2층 전체가 연기로 가득 차서 우리는 위쪽 창문을 활짝 열기 위해 구역질을 하며 뛰어다녀야 했다. 교수는 주차된 독일 차 모터에 던져 넣을 수 있을 만큼 작은 폭탄을 만드는 데 매달렸다. 한동안은 폭탄이 푸슈슈슉 하고 그냥 꺼져 버렸기 때문에 우리는 하던 대로 방열기 창을 뜯고, 늘 쓰던 도구로 엔진을 망가뜨렸다. 하지만 교수는 실험을 멈추지 않았다. 그는 조용한 성격으로, 너무 웃겨서 배를 잡고 웃을 일이 생겨도 그저 희미한 미소만 띠곤 했다.

우리는 일을 해 나가면서 작전을 짰고, 가끔은 그러면 안 되는데도 운에 맡기고 모험을 했다. 정식 지휘 체계가 없기 때문이기도 했는데, 지도자를 임명하거나 선출하기엔 다들 질투가 너무 심했다. 서로를 깎아내리느라 바빴다. 에이길이 폭탄 제조만으로는 처칠 클럽의 일원으로서 온전한 자격을 얻기에 부족하다고 우기자 교수는 얼굴이 시뻘게졌다. 다른 애들도 가세했다.

"그래, 네가 만든 그 '폭탄'이라는 거 되지도 않던데."

"자기가 무슨 실세인 줄 알아!"

두꺼운 수도원 벽만큼이나 강도 높은 빈정거림을 주고받았지만, 그래도 우리는 서로를 믿었고, 임무가 우리를 하나로 묶어 주었다. 우리는 '노르웨이 상태' 즉 저항하려는 용기를 덴마크에 퍼뜨리려 애쓰고 있었다. 덴마크는 정부가 원하든 원치 않든 간에 맞서 일어설 것이다.

우리는 일주일에 몇 번씩 옌스 형 방에서 만나 출석을 부르고 자전거를 타고 나갔다. 시내를 사분면으로 나눠 가끔은 둘씩, 가끔은 혼자서 정찰을 나갔다. 주차된 독일 차를 들여다보고 독일 국방군 사무실 근처를 얼쩡거리면서 파괴할 만한 독일군 자산과 훔칠 무기를 찾았다. 빈손으로 돌아오는 날도 있었지만 대체로는 뭔가 소득이 있었다.

이런 틀에 박힌 정찰 업무를 수행하던 어느 날, 나는 독일군 막사 근처를 얼쩡거리다가 뭔가를 발견했고, 놀라서 눈이 튀어나올 뻔했다. 믿기 힘들 만큼 너무나 멋진 일이었다! 나는 자전거 안장에서 몸을 일으켜 미친 듯이 페달을 밟으며 시내를 돌아 아이들을 찾아냈다. 그러고는 할 얘기가 있으니 수도원으로 다시 모이라고 했다. 몇 분 뒤 우리는 옌스 형 소파에 앉아 뵈르게의 담배를 뻐끔거리고 있었다. 문은 의자로 받쳐 둔 채, 모두의 시선이 내게 모였다.

"대체 무슨 일인데?"

"방금 독일군 막사 침대 기둥에 멋진 독일군 소총이 걸려 있는 걸 봤단 거야. 창문은 활짝 열려 있고. 가져오기만 하면 돼. 기회라고."

다들 만장일치로 합의했다. 해야만 하는 일이었다.

"밤이 되길 기다리자."

누군가 말했다. 하지만 다른 단원들은 백주 대낮이어도 지금 당장 움직여야 한다는 걸 알았다. 사람으로 뒤덮인 거리가 우리를 엄폐해 줄 것이다. 건물에 보초가 없거나 아니면 한 시간 전쯤에 자리를 뜬 모양이었다. 밤엔 그곳에 독일군이 드러누울 테지만, 지금은 소총뿐이다.

우리는 낮 공격을 감행하기로 했다. 하지만 소총을 훔친 뒤 수도원까지 무사히 감추어 가져올 방법이 필요했다. 소총을 어깨에 멘 덴마크 소년이 자전거를 타고 독일 국방군으로 가득한 거리를 즐겁게 지나다닐 순 없는 것이다. 그러니 총을 훔칠 계획뿐 아니라 운반할 계획도 세워야 했다.

이 작전에는 남자애 셋과 레인코트 한 벌이 필요했다. 뵈르게와 모겐스 톰센, 내가 막사에 다다른 건 거의 3시가 다 돼서였다. 우리는 일대의 교통 상황과 독일군 보초들의 부재를 확인하기 위해 그 구역을 두 번 돌아보았다. 여전히 아무도 없었다. 세 번째 돌 때, 모겐스는 속도를 늦춰 뒤로 처졌고, 코트를 든 뵈르게와 나는 앞서갔다. 막사에 가까워지자 우리는 자전거를 나무 뒤에 숨겼다. 막사 건물은 철조망으로 둘러싸여 있었지만 망의 간격이 넓어서 그 사이로 들어가는 게 어렵지 않았다. 나는 뵈르게가 통과할 수 있도록 철망을 붙잡아 준 뒤, 뒤따라 들어가서 천천히 창가로 다가갔다. 빈 침대 기둥에 어깨끈으로 매달린 소총은 여전히 거기 있었다. 그런데 다른 방에서 독일군 하나가 등을 돌리고 앉아 누더기 헝겊으로 바쁘게 유리창을 닦고 있었다. 그는 우릴 보지 못했다. 아직은.

우리는 그 자리에 얼어붙어 심장이 진정되기를 기다렸다. 그런 다음 고개를 마주 끄덕였고, 내가 몸을 움직였다. 나는 건물 구석으로 다가가 창가에 달라붙어서 조금씩 움직이며 소총을 붙잡으려고 안으로 손을 뻗었다. 손으로 총을 감싸 쥐고 침대 기둥에서 벗겨 내 뵈르게에게 건네줬다. 뵈르게는 자기 키만큼이나 긴 총을 코트로 감싼 뒤 발길을 옮기기 시작했다. 뛰는 게 아니라 고른 보폭으로 걸었다. 몸을 돌리는데, 옆방의 독일군이 여전히 덜그럭거리며 유리창을 열심히 닦는 소리가 들려왔다. 우리는 잽싸게 울타리를 넘었고 모겐스가 레인코트에 감싼 총을 자기 자전거에 실었다. 자리를 뜨는데, 길 건너편에서 우편배달부와 여자 둘이 우리를 보고 있는 게 느껴졌다. 나는 한 여자와 눈이 마주쳤다. 그녀의 눈은 그녀가 지금 일어난 일을 다 지켜봤다고 말하고 있었다. 여자는 혼란에 빠진 듯 보였다. 저들이 소리를 지를까, 아니면 입 다물고 있을까? 그들에게 따로 애원할 시간도 없었지만, 우리 등 뒤에선 어떤 경고의 소리도 들리지 않았다.

우리는 수도원으로 이어지는 좁은 골목을 골랐다. 모겐스는 총 양끝이 자꾸 삐져나오는 바람에 코트를 추스르느라 몇 번이나 자전거를 세워야 했다. 수도원 건물이 눈에 들어오자 우리는 휘파람을 불어 도착했음을 알리고, 자전거를 문에 기대 세운 뒤 짐을 들고 안으로 뛰어 들어갔다. 우리는 옌스 형 침대에 코트를 내려놓고 전리품을 꺼냈다. 개머리판에 윤을 내고 총신을 깨끗이 청소한 멋진 총이었다. 이제 우리는 먼 거리에서 작동할 수 있는 중요한 무기를 손에 넣었다. 이 일이 우리

독일군을 도와 보초 업무를 수행하고 사보타주를 예방하는 덴마크 자원 군인들의 막사

에게 무엇을 의미하는지 생각을 정리해 봐야 했지만, 당장은 아니었다. 셋 다 기진맥진했다. 우리는 다음 날 오후에 모임을 소집했다. 이는 지금까지 일어난 일 중 가장 중요한 일이었다.

다음 날, 처칠 클럽 전원이 모임에 참석했다. 창문 닦던 나치부터 목격자들 얘기까지, 어떻게 총을 빼돌렸는지를 자세히 보고하는 것으로 모임이 시작됐다. 다들 총을 든 채 총신을 들여다보고 이 치명적인 무기의 균형 잡힌 무게감을 느껴 보고, 나치가 사정권 안에 들어온 장면을 상상했다. 다들 최소한 이 한 대의 훌륭한 무기가 무기고에 추가된 일에 기뻐했다.

그다음에 이어진 토론은 진지했다.

크누드 페데르센: 우리는 어제 뭔가 다른 일, 지금까지 우리가 한 일 중 가장 중요한 일을 해냈다. 물론 시내에 주차한 독일군 차에서 권총을 훔친 적도 있지만, 권총은 근거리에서 몇 발밖에 쏘지 못한다. 소총이 있으면 공격하거나 우리 편을 엄호할 때 저격할 수 있다.

우리는 이제 교차로에 다다랐다. 하나의 질문이 던져졌다. 독일군의 재산을 훔치고 파괴하는 길을 계속 걸을 것인가, 아니면 이제 무기들을 감출 곳을 만들고 독일 점령군과 맞붙기 위해 무기 사용법을 익히는 게 주요 임무가 될 것인가? 후자를 택한다 해서 차와 건물을 불태우는 행동을 중단할 필요는 없지만, 활동의 무게는 무기 쪽으로 쏠리게 될 것이다.

거의 아무 말도 없던 교수를 제외하고 모두가 덤벼들어 열띤 토론을 벌였다. 하지만 결국 우리 목표가 덴마크인을 일깨우는 일이라면, 무기를 손에 넣어야 한다는 데 뜻을 같이했다. 그리고 작전 규모가 커지고 복잡해지면, 서로를 보호하기 위해 화력이 필요했다. 언젠가 전쟁이 우리 뜻대로 돌아가 영국군이 독일의 손아귀에서 우리를 해방시키러 온다면, 그들과 합류해 싸울 수 있는 무기가 있는 게 근사하지 않겠는가. 이 무기들만 있으면 우리는 동맹군 편에 서서 싸울 수 있다. 결국 우리는 한마음이 되었다. 마치 프랑스 국가의 가사처럼. "무장하라, 시민들이여!" 무기! 우린 무기를 가져야만 했다!

하지만 어디서 구할 수 있을까? 한 친구는 우리가 계속 자전거를 타고 돌아다니면 다른 무기와 맞닥뜨리게 될 거라고 말했다. 이번에 일어난 일을 봐, 크누드. 그러자 다른 친구가 죽은 새를 발견한 소년의 이야기로 맞섰다. 소년은 새를 묻어 주고 자랑스러운 마음에 더 많은 새들을 위한 묘지를 꾸민다. 그리고 죽은 새들을 찾으러 다시 나섰지만 결국 아무것도 찾지 못했다. 첫 번째 새를 발견한 건 오직 딱 한 번, 그저 행운이 가져다준 일일 뿐이었다. 이 이야기의 교훈은, 만약 무기고를 키우고 싶다면 그냥 운에만 의존해서는 안 된다는 거였다. 독일군이 무기를 어디에 모아 두는지, 그리고 그걸 어떻게 손에 넣을 것인지 전략적으로 사고해야 했다. 우리는 무기를 훔치기 좋은, 독일군이 많이 모이는 장소를 목록으로 적어 보았다. 시내 빵집에는 늘 그들이 있다. 기차역에선 탄환 상자를 손에 넣기 좋다. 부두에는 무장한 병사들이 득시글거린다. 그리고 날씨가 따뜻해져 창문을 열어 둘 일이 많아지니, 독일군 막사 역시 정기적으로 들를 필요가 있었다.

우리는 내일의 정찰조를 짜고 모임을 마친 뒤, 각자 집으로 돌아가 중간고사를 대비해 공부했다.

행진하는 독일군

7
무기, 무기, 무기

1942년 봄 무렵, 공항과 항구를 갖춘 올보르는 이제 노르웨이로 진격하는 독일군 수천 명이 기차를 갈아타러 모이는 정거장이자 독일 공장으로 보낼 스웨덴 철광석의 안전한 적재장이 되었다. 또한 히틀러는 지난여름에 전투가 벌어진 야만적인 동부전선에서 소련군과 맞서 싸운 독일 병사들이 휴식을 취하고 부상을 치료하는 곳으로 올보르를 이용하고자 했다.

제2차 세계대전의 동부전선은 1941년 6월 히틀러의 군대가 러시아를 침략하면서부터 시작되어 실로 거대한 피해를 몰고 왔다. 이 침략으로 인해 독일이 이끄는 유럽 추축국과 핀란드는 소련, 폴란드, 노르웨이, 그리고 다른 연합군과 맞서게 되었다.

이는 역사상 가장 거대한 규모의 군사적 대립이었다. 엄청난 파괴, 그리고 전투, 굶주림, 추위, 질병과 학살로 헤아릴 수 없이 많은 인명 피해가 발생한 것이 이 맹렬한 전투들의 특징이었다. 2차 대전으로 어림잡아 7,000만 명이 사망했는데, 그중 민간인을 포함한 3,000만 명의 사망자가 동부전선에서 발생했다.

동부전선으로부터 벗어나 올보르에 와서 치료와 휴식을 누리는 독일군들은 진정 신에게 감사를 드려야 마땅했다.

매일 시내로 드나드는 독일 병사의 행렬이 이어졌다. 대부분은 학교와 교회에 지어진 임시 막사에서 며칠 밤을 자면서 노르웨이로 가는 수송선을 배당받을 때까지 대기하는 병사들이었다. 각각의 병사가 무장을 했고, 이제 처칠 클럽은 그 무기들에 관심을 쏟았다. 소년들은 자신들이 방화뿐 아니라 무기를 훔치는 데도 꽤 재능이 있음을 깨닫게 되었다. "무기를 훔치는 데는 까다로운 속임수도 필요 없었다."라고 한 단원은 회상했다. "행진이 끝난 후, 혹은 기차역에서 두 사람 정도가 군인에게 다가가 친근하게 말을 걸고 대화를 나누는 사이, 다른 애들이 벽이나 벤치에 세워 둔 소총을 집어 가면 그만이었다."

크누드 페데르센: 매일매일 우리가 훔쳐 온 칼과 총, 총검이 늘어났다. 우리는 수도원 지하실에 그것들을 숨기고 늘 상태를 점검하러 내려가 보곤 했다. 부모님은 전혀 알지 못했다. 어머니와 아버지는 내 성적이 떨어지는 바람에 좀 걱정이었지만, 그래도 내가 새 친구들을 사귀어서 기뻐했고 다른 집도 아닌 수도원에서 하루 종일 시간을 보내는 걸 좋은 일로 여겼던 것 같다.

독일군은 계속해서 올보르로 왔다. 그들이 탄 차들의 행렬이 거리마다 더욱 길게 늘어섰다. 그들은 시내에서 가장 좋은 피닉스 호텔을 징발해 사령부로 사용했다.

부두에서는 독일군 수백 명이 올보르 항으로 행군해 가서 노르웨이로 향하는 낡은 화물선에 올라타는 모습을 관찰할 수 있었다. 독일군을 증오했지만, 전투를 향해 목숨을 버리러 가는 일반 병사들에게 연민을 느끼지 않기도 쉽지 않았다. 대부분 우리보다 나이가 많은 것 같지도 않았다.

승선이 완료되면 배 꼭대기로부터 외관 전체를 그물로 둘러쌌다. 림피오렌 해협 너머에서 기다리고 있는 영국 잠수함들의 어뢰에 맞아 선체가 침몰할 경우, 시신들이 바다에 둥둥 떠다니는 걸 막기 위해서였다. 사실, 그즈음 은비늘치 요리는 점점 더 인기가 떨어지고 있었는데, 그 생선의 몸체가 초록색인 이유가 초록색 군복을 입은 독일군 익사체 때문이라는 소문이 돌아서였다.

우리는 종종 부두로 가서 자전거에 걸터앉아 핸들에 팔을 얹은 채 배에 올라타는 독일군들이 신경 쓰지 않고 놔둔 무기가 있는지 매의 눈으로 관찰하면서 시간을 보냈다. 가끔 병사들이 무기를 우리 손이 닿는 바닥에 그냥 놔둘 때가 있었는데, 그러면 우리는 빵 부스러기에 달려드는 갈매기처럼 낚아채 갔다. 해군 장교들이 늘 손을 저으며 우리에게 꺼지라고 했지만 총을 쏘는 일은 없었다. 우리는 전속력으로 달아났다가 적당한 때가 되면 다시 그 자리로 돌아왔다.

림피오렌 해협 위의 독일 비행기

　　무기에 집중하니 일이 단순해졌다. 우린 우리가 뭘 노리는지 잘 알
았고, 점점 더 대담해졌다. 하루는 우리 중 몇 명이 시내 한가운데 잠시
멈춰선 독일 장교의 차를 보았다. 짜증이 잔뜩 난 운전기사가 씩씩거리
며 운전석에서 내리더니 앞쪽으로 가서 자동차 엔진을 손보기 시작했
다. 그가 엔진을 돌리는 사이, 뵈르게는 차 문을 열고 안에 걸려 있던
총검을 낚아채서는 유유히 걸어가 버렸다.

　　우리가 노리는 건 작은 무기들만이 아니었다. 어느 날 밤, 우리 몇
몇은 자전거를 타고 림피오렌 다리를 건너 뇌레순뷔 쪽으로 향했다. 목

표는 독일군이 '대공포'라고 부르는 고사포(항공기를 격추하는 데 쓰이는 대형포)를 망가뜨리는 거였다. 대포는 항구 언덕에 떡하니 자리 잡고 있었는데, 하늘을 향해 항시 고정해 놓은 긴 포신은 못 보고 지나칠 수가 없었다. 하지만 그렇게 중요한 무기인데도 밤에는 지키는 사람이 없었다. 우리 목표는 상자 모양의 지지대 위에 놓인 그 대포를 끌어 내려 부두로 가져가서 림피오렌 물속에 처박는 거였다.

포를 상자에서 들어 올려 그 무게에 막 익숙해지려 할 즈음, 망보던 친구가 휘파람으로 신호를 보냈다. 우리는 그 괴물 같은 포를 떨어뜨리고 사방으로 흩어졌다. 알고 보니 그냥 자전거를 타고 지나가는 덴마크 사람이었다. 그런 하찮은 일로 신호를 보낸 우리 보초에게 투덜거린 뒤, 다시 포를 들어 올렸다. 비틀거리면서 부두로 반쯤 내려갔는데, 다시 휘파람 소리가 들렸다. 이번엔 독일군 보초였다. 주의 깊게 순찰을 도는 그의 소총이 눈에 들어왔다. 그걸로 끝이었다. 우리는 포를 떨어뜨리고 자전거를 향해 튀어 달아났다. 자리를 뜨면서 독일군에게 욕을 퍼붓고, 가져온 쇠막대기와 망치로 건물 창문을 부쉈다. 당연히 독일군 보초는 그 소리를 듣고 우리를 쫓아왔다. 알고 보니 덩치도 어마어마했다! 허공에 총을 갈기며 거기 서라고 고함 지르는 보초 때문에 우리는 자전거를 버려두고 걸음아 날 살려라 하면서 뛰었다. 그날 밤엔 다리를 건너는 위험을 피해 뇌레순뷔에 머물렀고, 다음 날 아침 몰래 돌아와 자전거를 되찾았다.

3월 말쯤, 소년들은 새 소총에 쓸 탄창 몇백 개를 기차역 화물 배달 트럭에서 훔쳤다. 탄약을 구하기엔 최적의 장소였다. 그들은 사람이 없는 틈을 타 순회 차량이나 창문이 열린 막사에서 권총과 총검도 계속 훔쳐 냈다.

크누드 페데르센: 무기를 훔치기에 가장 좋은 곳은 식당이었다. 독일군은 올보르 시내 식당에 즐기러 와서 말 그대로 자유를 한껏 누리곤 했다. 부츠와 헬멧에 중무장을 한 채로 평범한 덴마크 사람들과 섞여 고기와 채소, 포도주, 담배를 샀다. 작은 가게에서 그들과 편하게 뒤섞이는 건, 그 중무장한 깡패들에게 새치기를 당하지 않으려고 버티는 것만큼이나 쉽지 않은 일이었다. 그들에게 물건을 파는 상인들은 많은 이들에게 매국노라고 욕을 먹었다. 상점 주인들은 돈을 버는 이상, 그런 말에 그리 신경 쓰지 않았다.

점령군은 지역 술집과 식당이라면 환장을 했다. 덴마크는 페이스트리 빵으로 유명한데, 독일군은 곧 올보르 시내에서 가장 좋은 콘디토리 konditori(페이스트리 카페)인 크리스티네를 찾아냈다. 크리스티네는 가볍고 달콤한 생크림 케이크로도 시내에서 유명했다. 제3제국의 사내들은 모자를 벗고 외투 보관실에 코트와 무기를 벗어 두고 자리가 나기를 기다리며 빨간 소파에 편히 몸을 묻었다. 자리가 나면 독일 장교들은 천을 씌운 등받이 높은 나무 의자에 앉아 주문을 하고 갓 세탁한 리넨 냅킨을 무릎에 펼쳤다. 이러니 동부전선보다 싫을 턱이 있나.

빵집이자 카페인 크리스티네는 올보르 시내에서 독일군들이 자주 모이는 곳이었다.

어느 날 밤, 우리 넷은 크리스티네의 정문 접수원을 지나, 층계 꼭대기에 위치한 아무도 없는 외투 보관실에 숨어 들어갈 방법을 찾아냈다. 옷장은 질 좋은 양모 코트와 삐져나온 코트 소매로 숲을 이루고 있었다. 모자들은 선반 위에 있었다. 일부 지휘관들은 총집 달린 벨트까지 고리에 걸어 두곤 했다. 우리는 누군가가 그 총집에 루거Lugers라고 불리는 독일 권총을 그대로 꽂아 두었기를 간절히 빌었다. 우리 중 둘이 옷장 한쪽을 맡고 나머지 둘은 반대편을 맡아, 가능한 한 신속하게 모직 코트들을 뒤졌다. 가끔 빈 총집이 달린 벨트가 잡힐 뿐, 성공은 요원했다. 다른 아이들은 이미 자리를 떠났는데, 순간 윤나는 검은 권총이 내 손가락에 닿았다. 손으로 권총을 몇 번이나 돌려 보고 있는데, 갑자기 누군가가 내가 있는 쪽으로 코트 소매를 밀쳤다. 나는 권총을 주머니 속에 밀어 넣고 뒤로 빠져나와, 독일군 장교에게 예의 바른 미소를 지으며 인사를 하고 지나쳤다. 그가 뭔가 반응을 보이기도 전에 자리를 떴다.

잠시 후, 클럽 단원 셋이 거리에서 나를 둘러싸고 물었다.

"어떻게 된 거야?"

"이것뿐이야."

나는 대답했다.

아이들은 내 호주머니에 손을 집어넣고 그 중대한 전리품을 더듬어 확인했다. 수도원으로 돌아온 뒤, 나는 빛나는 검은색 루거와 꽉 찬 탄창 두 개를 탁자 위로 툭 내려놓았다.

처칠 클럽이 거둔 가장 빛나는 승리는 행운이 따르기도 했지만 하던 일을 끈기 있게 밀어붙인 덕분에 찾아왔다. 어느 날 오후에 소년들은 항구로 자전거를 타고 나갔다. 크누드는 독일 병사 둘이 관측대에 서서 쌍안경으로 항구를 살피고 있다는 것을 알아챘다. 그들 뒤로 50미터쯤 되는 곳엔 막사 건물이 있었고, 창문 두 군데가 열려 있었다. 크누드는 병사들 뒤로 숨어들어 자전거를 건물 가까이로 달렸다. 열린 창문 너머로 간이침대 위에 놔둔 기관총이 뚜렷이 보였다. 소년들은 아직까지 자동화기를 손에 넣은 적이 없었고, 이는 새로운 차원의 수확이었다. 여러모로 소총 약탈과 별다를 게 없어 보일 수도 있지만, 중요한 차이가 있었다.

크누드 페데르센: 멀리서 봤을 때도 기관총은 너무 무겁고 커서 자전거로 옮기기엔 무리로 보였다. 게다가 막사 근처에 군인이 둘이나 있었다. 물론 그들의 위치를 살필 수는 있었지만.

뵈르게와 나는 수도원으로 돌아와서 수레가 달린 삼륜 자전거를 꺼냈다. 항구로 돌아와서 가능한 한 막사 가장 가까운 곳에 자전거를 세웠다. 그리고 내가 열린 창 안으로 들어가서 그 무거운 반자동 무기를 뵈르게에게 건넸다. 몸을 돌려 나오려는 순간, 캔버스 가방 두 개가 눈에 띄었는데, 하나가 다른 하나보다 더 컸다. 무거운 쪽을 더듬어 보니, 탄약이 든 게 확실했다. 그것도 뵈르게에게 건네고 자리를 빠져나왔다. 자전거를 몰고 언덕길 끝으로 내려갔는데, 삼륜 자전거가 어딘가에 부딪히는 바람에 총이 길바닥에 떨어졌다. 겁에 질려 뒤를 돌아보니, 군인들은 여전히 항구를 집중적으로 살피고 있었다.

우리는 짐을 끌고 가까운 보이스카우트 막사에 가서 가방에 든 걸 꺼냈다. 총은 어마어마했고 총알도 많았지만 문제가 하나 있었다. 탄창이 없었다. 총알이 자동으로 발사되도록 약실로 송탄해 줄 탄창이 있어야 했다. 탄창이 없으면 총에 총알을 넣을 수 없으니 무용지물이었다. 방과 후 모임에서 다들 웃음을 터뜨렸다.

"아이고, 참 대단한 레지스탕스 대원들이야!"

훔친 기관총

"딱 우리한테 필요한 거였네! 총알 수집!"

하지만 이 일 덕분에 진실 하나가 적나라하게 드러났다. 우리가 무기에 경험이 없다는 거였다. 우리는 대부분 탄창이 뭔지도 몰랐다. 무기를 훔쳐 간 사람을 찾고 있을 게 뻔했으므로 탄창을 구하러 돌아가는 건 위험했다. 이번 일은 그냥 경험으로 남겨 두기로 했다.

하지만 나는 참을 수 없었다. 다음 날 그곳으로 돌아가, 탄창이 들어 있을 게 분명한 나머지 캔버스 가방을 낚아채 왔다. 방에는 전날 없었던 커피 잔과 크라우트카슈텐 Krautkasten이라고 쓰인 상자가 있었다. '화약' 같은 걸 뜻하는 단어가 아닐까 싶었다. 그래서 그것도 집어 들고 수도원으로 돌아왔다. 설레는 마음으로 상자를 열어 보니, 더러운 속옷이 나왔다. 크라우트카슈텐은 그 방에 살던 독일군의 이름이었던 것이다.

1942년 중순쯤 되자, 처칠 클럽은 칼, 총검, 권총, 소총, 그리고 당연히 기관총까지 많은 무기를 축적했다. 군사훈련도 못 받았고 믿을 사람도 없었던 소년들은 총 쏘는 법을 익히기 위해 애를 썼다.

크누드 페데르센: 일요일 아침마다 옌스 형과 나는 아버지가 예배를 집도하는 사이, 수도원 꼭대기의 널찍이 트인 다락에서 총 쏘는 연습을 했다. 배를 깔고 엎드려 오르간 소리가 터져 나오기를 기다렸다가 소리가 울릴 때 다락 반대편에 쌓인 건초 더미의 표적에 총을 쏘았다. 기관총은 슈마이서 제품으로, 전쟁 중에 수많은 죄 없는 사람들이 이 총으로 죽었다. 삼각대가 딸려 있었는데, 덕분에 찬송가 소리가 갑자기 잦아들거나 끝나 버릴 때를 대비해 한 번에 한 발씩 쏠 수 있어서 편했다.

우리는 무기를 만지작거리는 데 열중했다. 우리가 다른 방에 가 있을 때 사고로 총이 발사된 적도 몇 번 있었는데, 그 자리에 그대로 있었더라면 우리 중 하나 혹은 둘 다 끝장날 뻔했다.

어느 날 오후, 에이길이 옌스 형 방에 있다가 자기 바지 사이로 총을 발사한 적이 있다. 다행히 총알이 다리를 비껴갔고, 마침 집에 다른 식구가 아무도 없어서 그 소리를 듣지 못했다.

4월 말쯤 되자, 도합 20정의 무기와 총알 432발이 우리 손에 들어왔다. 우리는 총알을 나눠 가졌다. 나는 112개를 받았다. 임무 중에는 늘 주머니 속에 권총을 지니고 나갔지만, 임무가 끝나면 다들 수도원에 반납했다. 중요 규칙 중 하나는 학교에 절대로 총을 가지고 가지 않는다는 거였다.

독일 총을 소지한 채로 경찰에 잡히면 끝장이라는 사실은 모두 알고 있었다. 시간이 흐르자, 무기를 몽땅 한곳에 보관하는 건 미친 짓이라는 생각이 들었다. 우리는 은닉처를 분산하기로 결정하고 일부는 수도원에, 나머지는 다른 먼 곳에 보관했다. 뇌레순뷔 교외 인근에 사는 헬게 밀로가 무기 몇 가지를 자기 집 정원에 숨기겠다고 자원했다. 보초가 양 끝을 지키고 선 림피오렌 다리―한 달 전쯤 푹스 사 습격 때 공항에 가기 위해 건넌 적이 있는―건너로 무기를 가져가야 한다는 점만 빼면 멋진 아이디어였다.

그보다 더 뾰족한 수는 찾지 못했다. 그래서 어느 날 밤 우리는 헬게에게 무기를 들려 보내기로 했다. 테이프로 헬게의 웃통에 권총을 붙이고 옷에 탄약을 쑤셔 넣었다. 일을 마치고 뒤로 물러서서 모양새를 관찰했다. 바지 자락을 따라 소총 몸체가 드러나 보였다. 단추 달린 재킷 아래 기관총을 숨겼는데, 그 때문에 헬게는 자전거에 올라탄 뒤에 핸들을 붙잡고 몸을 반으로 접어야 했다. 탄약 상자는 짐받이에 싣고 코트로 가렸다. 그게 우리가 할 수 있는 최선이었다. 다리 양 끝에 각각 셋씩 인원을 배치했다.

우리는 수도원을 나와 조마조마한 마음으로 헬게의 자전거를 밀어주고, 다리를 향해 비틀비틀 가는 그를 지켜보았다. 휘청하며 첫발을 내딛는 모습이 꼭 자전거를 처음 배우는 아이 같았다. 헬게는 가다 말고 자전거에서 내려, 소총을 숨긴 뻣뻣한 다리로 몇 발씩 걷기도 했다. 자전거에 다시 오르기도 버거워 보였다. 모양새가 좋지 않았다. 중무장한 보초들이 지키고 선 다리에 도착하면 무슨 일이 벌어질까? 신분증을 내놓으라고 하고 몸수색을 하면? 어찌어찌해서 그는 첫 관문을 통과했다. 뇌레순뷔 쪽에서 기다리고 있던 세 단원은 처음엔 그가 구부정한 자세에 뻣뻣한 다리를 하고 다가오는 걸 보고 놀려 댔지만, 그 모습이 아주 심각한, 아마도 목숨을 건 상황임을 깨닫고는 웃음을 멈췄다.

우리의 동지 헬게는 애써 수집한 우리의 재산을 몸에 잔뜩 지닌 채로 터덜터덜 두 번째 검문소에 도착해 멈췄다가 무사히 통과했다. 림페오렌 다리 양편에서 그 모습을 지켜본 처칠 클럽의 여섯 명이 모두 동시에 한숨을 내쉬었다. 어쨌든 그가 해낸 것이다!

성령 수도원에 있는 자기 방의 흐트러진 미술 도구를 그린 크누드 페데르센의 그림

8
외로운 밤

크누드 페데르센: 시끌벅적한 처칠 클럽 모임이 끝난 어느 날 밤, 나는 문을 닫고 방에 앉아 빙글빙글 도는 머리를 진정시키려 하고 있었다. 마지막 단원이 나가고 문이 닫히면, 정신병원처럼 시끄러웠던 오래된 수도원이 놀라울 정도로 삽시간에 고요해졌다. 나는 시린 손을 마주 비볐다. 덴마크에는 이런 곳을 덥힐 석탄이 충분치 않았다.

나는 방을 둘러보았다. 내 생활공간은 방이라기보다는 작업실에 가까웠다. 한쪽에 그림 캔버스가 쌓여 있고 바닥엔 스케치들이 흩어져 있었다. 탁한 물에 그림 붓들이 꽂힌 병이 평평한 곳이면 어디나 놓여 있었다. 나는 다른 애들이 운동에 열중하듯 그림을 그렸다. 풍경과 초상과 추상을 담은 그림이 내 방 벽, 천장, 심지어 창문 커튼까지 가득 채웠다. 책상 절반쯤에도 그림이 그려져 있었다. 생각해 보니, 끝내 그 그림을 완성하지 못했던 것 같다.

부모님은 집안의 자랑인 옌스 형을 대학에 보내기 위해 저축을 하고 있었다. 부모님으로서는 당연한 일이었다. 옌스는 일찌감치 성당 학교에서 수학을 가장 잘하는 학생으로 두각을 드러내고 있었으니까. 물론 나를 위해 예비한 것도 있었다. 올보르로 이사 올 때 아버지는 동네 화구상에 내 이름으로 장부를 만들었다. 나는 온갖 붓과 이젤과 물감 튜브를 마음대로 살 수 있었다. 그 결과 캔버스와 물통을 치우지 않으면 방에 발 들일 곳조차 없게 돼 버렸다.

하지만 오늘 밤은 그림도 그리고 싶지 않았다. 생각할 게 너무도 많았다. 전쟁의 그림자가 도처에 드리웠다. 나는 커튼을 젖혔다. 부돌피 광장에 세워 둔 저 많은 차들은 대체 뭐란 말인가. 차량 행렬은 날이 갈수록 점점 더 길어지고 있었다. 독일이 노르웨이에 수송선을 보낸 다음엔 북해에도 배를 띄우려나? 영국을 침략하려는 단계에 접어든 건가? 나는 우체국을 지키는 보초를 물끄러미 바라보았다. 그는 다른 두 병사와 교대로 스물네 시간 경비를 서고 있었다. 바깥을 내다보면 그들 중 하나가 어김없이 보였다.

마음이 이리저리 방황하기 시작했다. 독일이 이기면 내 인생은 어떻게 되나. 히틀러가 밀어붙이는 대로 우리가 지배 인종의 길에 들어서서 그가 내세우는 대로 세계를 지배하는 종족이 되고, 다른 패배한 국민들은 주인을 만족시키기 위해 노예처럼 일하는 삶을 살게 된다면? 망할 놈의 나치가 승리하면 처칠 클럽이나 우리 같은 사람들은 지하로 더 깊이 숨어들게 될 것이다. 누군가는 희망을 되살려야 하니까. 전쟁

후엔 정복당한 나라에서 계속 저항
운동을 할 수밖에 없을 것이다.

여배우 디애나 더빈

누군가와 이런 이야기를 하고 싶
었다. 물론 옌스가 있고 우리 둘은
위험을 함께 나누지만, 형에게 이런
속마음을 터놓을 순 없었다. 매사에
경쟁하는 사이이니, 이런 이야길 했
다간 놀림이나 당할 게 뻔했다. 오덴
세 시절, 우린 둘 다 미국 영화배우
인 디애나 더빈Deanna Durbin을 좋아했다. 그녀의 사진은 딱 한 장뿐이었
는데, 우린 어느 쪽도 가질 수 없도록 사진을 둘로 쪼개 버렸다. 그라모
폰(원반형 축음기)을 두고도 같은 일이 벌어졌다. 축음기를 돌리려면 뗐다
붙였다 할 수 있는 손잡이가 필요했는데, 나는 디애나 더빈의 레코드판
을 갖고, 형은 손잡이를 가졌다. 두 개가 같이 있어야 음악을 들을 수
있는데, 그러고 싶은 생각은 둘 다 눈곱만큼도 없었다.

농담을 나누기엔 뵈르게가 좋았지만 그 애는 너무 어렸고 같은 학
교도 아니었다. 처칠 클럽의 다른 아이들은 모두 같은 학년이었지만 그
애들과는 그렇게 친하지 않았다. 우린 덴마크를 일깨운다는 목표를 공
유할 뿐이었고, 그거면 충분했다.

그래, 누군가 특별한 사람과 이 마음을 나누고 싶었다. 나와 같은
9학년인 그레테 뢰르베크Grethe Rørbæk 같은. 그 애는 후리후리하게 키가

크고 금발에 화장기 없는 얼굴이었지만 자연스러운 미인인 데다 웃는 모습이 기가 막혔다. 같은 학년이지만 수업을 같이 듣진 않았다. 그 애는 우등반이었고 나는 B군이었다. 그나마 가깝게 말을 나눈 건 쉬는 시간에 운동장을 지나면서 마주친 마법과 같은 어느 날뿐이었다. 그 애는 자그마한 샌드위치 상자를 들고 있었는데, 멈춰 서서 나보고 하나 먹으라고 했다. 나는 그만 꿀 먹은 벙어리가 되었다. 사실 그날 너무 당황해서 수업에 들어가지도 못했다. 나는 집으로 터벅터벅 걸어 돌아와 아버지 집무실 소파에 털썩 드러누웠다. 어머니는 아무것도 묻지 않고 따뜻한 차를 가져다주시더니 내 곁에 머물러 있었다.

좀 부끄럽긴 해도 우리 둘이 출연하는 환상 속에서 내가 영웅으로 등장하는 모습을 상상하긴 어렵지 않았다. 배경은 부돌피 광장이다. 처칠 클럽이 교회 탑 꼭대기로 올라가서 광장 아래를 박격포와 폭탄으로 공격하고 있다. 독일군 차에서 불길이 일고, 불꽃놀이 하듯 차들이 한 대 또 한 대 연달아 맹렬히 불타오른다. 이 자랑스러운 순간에 내가 작은 오픈카를 타고 광장으로 들어선다. 나는 차에서 일어나 한쪽 발로 시트를 디디고 서서 권총을 휘두른다. 이제 광장은 지옥이나 다름없다. 폭탄과 폭발하는 차들이 눈부신 화염의 장막을 펼치며 어둠 속에서 겁에 질려 엿보는 검게 그을린 얼굴들을 비춘다. 나는 총탄이 빗발치는 가운데 차를 몰고 간다. 총탄의 메아리 너머로 갑자기 비명이 들려온다. 광장 건물 꼭대기 층이다. 내가 눈을 든다. 그레테 뢰르베크가 눈을 커다랗게 뜨고 가냘픈 손으로 입을 막은 채 타오르는 불길을 배경으로 늘씬한 몸을 드러내며 서 있다. 의미심장한 눈길이 오가는 중에, 갑자기 그녀의 모습이 사라진다.

환상은 이 지점쯤 이르면 말도 안 되는 망상의 무게를 견디지 못하고 와르르 무너졌다. 가련한 진실을 밝히자면, 나는 어떤 여자애와도, 심지어 여동생인 게르트루드와도 제대로 이야기를 나눠 본 적이 없었다. 막 성당 학교에 다니기 시작했을 때, 나는 여자애들한테 멋있게 보이려고 주먹을 휘둘렀다. 오덴세에서는 그렇게 해서 내 위치를 획득했다. 오덴세의 학교는 학교 건물 뒤, 사업가인 카를 프레데리크 티에트겐Carl Frederik Tietgen의 동상 옆에서 주먹싸움을 벌임으로써 모든 일을 정리하는 남학교였다. 하지만 여기 와서는 누군가를 때려눕힌 다음 주위를 둘러보면, 여자애들이 주춤거리며 물러섰다. 반하는 게 아니라 겁을 먹었다. 결국 누군가가 나에게 여자애들과 잘 지내려면 문을 열어 주고 줄을 설 때 내 앞에 세워 주거나 어떻게 하면 걔들 겉옷을 잘 들어 줄지를 고민하는 게 낫다고 일러 주었다. 성당 학교로 온 지 거의 한 학기가 지났지만 그때까지는 나아진 게 거의 없었다. 여자 친구와 첫 키스를 할 날은 까마득히 멀었고, 딱히 떠오르는 후보자도 없었다.

생각할 게 너무도 많았다. 우리 처칠 클럽은 용감했지만 순진한 데다 제멋대로였다. 바로 며칠 전 스케이트장에서 옌스 형은 독일군 바로 뒤에서 스케이트를 타며 그를 발로 걸어찼다. 그놈은 아파서 울부짖으며 옌스 뒤를 쫓았고, 형은 쫓기다가 결국 경찰서로 끌려갔다. 이제 옌스의 이름은 나치 반대자 명부에 소중히 모셔졌다. 바로 우리한테 딱 필요한 일 아닌가.

또한 헬게가 지금은 자기 집 정원에 묻어 둔 우리 무기를 몸에 지닌 채 림피오렌 다리를 건넌 사건도 생각해 보면 진짜 운이 좋았다고밖에 할 수 없었다. 우리가 너무 간이 컸던 건 아닐까. 큰일 날 뻔한 게 한두 번이 아니었다. 그 창문을 닦던 독일군이 고개를 돌려 소총을 집어 가는 나를 봤다면? 그럼 나는 그를 쏴야 했을까? 그때 제대로 쏠 줄이나 알았을까? 소총에 장전은 돼 있었나? 우리가 자전거로 도망갈 때 길 건너편 여자가 소리쳐서 경찰을 불렀다면? 크리스티네에서 마주친 독일 장교가 옷장을 빠져나가려는 나를 막아섰다면?

방에서 휴식을 취하려는 내 머릿속에 더욱 불길한 생각들이 신문 1면의 머리기사처럼 몰려들었다. 에이길의 누나는 올보르 경찰서에서 비서로 일하고 있었다. 그 누나는 우리에 대해 알고 있는 유일한 외부자였고, 당국에 그런 첩자를 심어 둔다는 건 꽤 안심되는 일이었다. 어쨌든 그녀가 전해 준 소식은 좋지 않았다. 독일 지휘부가 덴마크 경찰에게 최후통첩을 했다는 거였다. 그들의 재산에 해를 끼치고 무기를 훔쳐 간 놈들을 밝혀내 체포하든가, 아니면 자기네가 나서서 그 범죄자들에게 과감한 조치를 취하겠다고 했다. 그들 말에 따르면, 일이 이런 식으로 돌아가면 악명 높은 독일 비밀경찰 게슈타포가 올보르 경찰을 접수할 수도 있다고 했다.

에이길의 누나는 코펜하겐에서 파견된 엘리트 수사관 둘이 사건의 전말에 매일 가까이 가고 있다고 했다. 우리가 독일 권총을 들고 나온 카페 홀레에서는 목격자가 나섰고, 부두에서 우리가 무기 훔치는 걸 본 두 어부가 수사관들에게 성당 학교 쪽을 지목했다고 했다.

이제 제발 멈춰. 누나가 애원했다. 납작 엎드려 있어. 에이길과 그의 누나에겐 개인적으로 심각한 문제였다. 그들은 처칠 클럽의 유일한 유대인이었다. 에이길은 이 일로 자기가 나치에 체포당하면 온 가족이 몰살당하는 게 아닌지 두려워했다. 하룻밤 새 그는 매일 임무를 수행하자며 우릴 끌고 가던 입장에서 제발 접자고 부탁하는 쪽으로 바뀌어 있었다. 신경이 예민해졌고 감정적으로 몹시 불안해진 상태였다.

납작 엎드려 있다니. 생각하기도 싫은 일이었다. 노르웨이인들은 여전히 싸우다 죽어 가는데, 덴마크인들은 민요나 부르고 왕의 배지나 사면 끝이다. 우리는 아직 점령 상태다. 독일군들은 날이 갈수록 올보르를 제 집처럼 편하게 여기고 있다. 만약 쓰러질 거라면, 환상 속에서처럼 싸우다 쓰러지고 싶었다.

수도원의 내 방 작은 난로에서 불꽃이 일렁였다. 창밖의 독일군 보초는 여전히 기계처럼 제자리를 오가고 있었고, 결국 모임이 끝난 지 한참 지난 뒤에야 나는 잠에 빠져들었다.

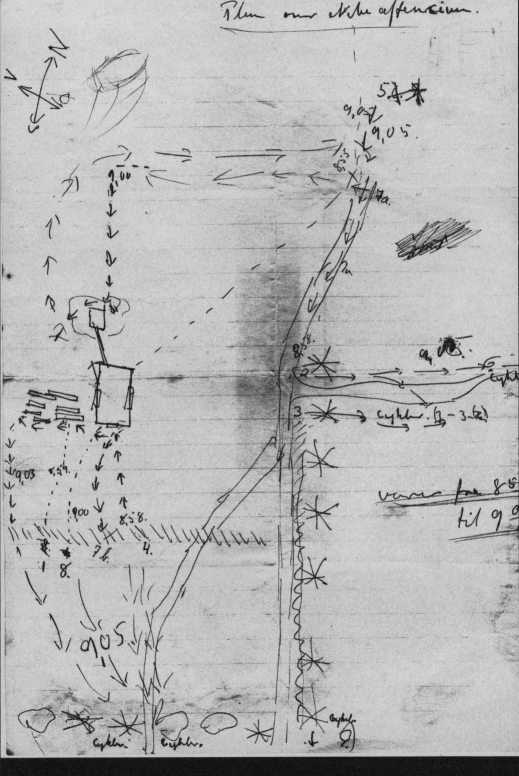

크누드가 그린 '니베 공격' 예상도

9
니베 공격

1942년 5월 초, 뵈르게는 독자적으로 처칠 클럽 새 단원 모집에 나서기로 했다. 어쩌면 자기만의 클럽을 결성하고 싶었는지도 모른다. 동기는 분명히 알려져 있지 않다. 후보자는 뵈르게가 살았던 올보르 외곽의 작은 마을 니베에 사는 그의 친구였다. 그는 열세 살밖에 안 된 이 소년에게 파란 페인트 깡통 하나를 주고 클럽의 상징, 나치에 대한 반란을 선언하는 화살표 달린 스바스티카를 마을 전체에 그리라고 했다. 그러나 니베는 서로 워낙 터놓고 지내는 곳이라 누가 누구인지 모두가 알았다. 몇 분도 채 지나지 않아 이 소년은 경관에게 귀싸대기를 얻어맞으며 경찰서로 끌려갔고, 유치한 반란의 환상 같은 건 잊으라는 일장 연설을 들었다. 경관은 소년에게 쇠 솔과 비눗물을 주고 그가 낙서한 모든 담벼락의 페인트를 지우라고 명령했다.

소년은 솔질을 하면서 점점 더 부아가 치밀었다. 청소를 다 마칠 때쯤 그의 머릿속에는 계획 하나가 떠올랐다. 그는 마을 외곽 멀리 모래 언덕에 무장 탑이 있고, 거기 독일군 초소가 있다고 뵈르게에게 말했다. 탑에는 북해 쪽으로 영국을 감시할 수 있도록 앞뒤로 원거리를 비추는 탐조등이 달려 있었다. 독일 병사 셋이 근처 막사에 살면서 이 초소를 지켰다.

화가 난 소년은 이 독일군들을 처칠 클럽의 무기로 처치하면 어떻겠느냐고 제안했다. 그가 생각하기에 이 니베 공격—그는 그렇게 불렀다—은 온 세상에 누가 어린애고 누가 진지한지를 알려 줄 거였다. 이에 자극받은 뵈르게는 올보르로 가서 처칠 클럽 단원들의 동의를 구하기로 했다.

크누드 페데르센: 우리에게 아무런 얘기도 하지 않고 신입 단원을 구하려 했던 뵈르게의 행동에 우리는 분통이 터졌지만—"대체 무슨 생각으로 그런 거야!?"—일단 그 문제는 제쳐두고 니베 초소의 독일군 보초를 처치하는 문제를 냉정하게 검토했다. 사람을 죽이는 문제를 검토하는 게 이번이 처음은 아니었다. 지난주에는 다른 친구가 독일군 보초를 등 뒤에서 칼로 찌르자고 주장했다가 그건 페어플레이에 어긋난다고, 적이라고 해도 기회를 주어야 한다며 고함을 치는 단원들의 반대에 직면한 적이 있었다.

어떻게 보면 기습에 대한 뵈르게의 아이디어도 그와 다를 바 없었다. 그리고 이는 사적인 복수를 위해서 사람을 죽여서는 안 된다는 우

1940년 독일 고사포의 위치. 전경에는 덴마크 농부가 밭을 갈고 있다.

리 클럽 제2의 취지에도 어긋나는 일이었다. 하지만 다른 한편으로 보면 클럽의 임무에는 조국을 강탈한 독일인들의 수를 줄이겠다는 맹세가 포함돼 있었다. 그들을 없애지 않고서 어떻게 수를 줄일 수 있단 말인가. 게다가 우리에게는 무기가 있었다. 영국인들이 우리를 해방시키러 올 때까지 이걸 한번 써 보지도 않고 헬게네 파슬리 밭과 수도원 지하실에서 썩힐 생각인가.

니베 공격이 안건으로 제기되었고, 단원들도 행동에 나서는 데 동의했다. 나는 뵈르게의 도움을 받아 공격 예상도를 그렸지만 그와 함께 니베에 가는 건 거절했다. 뵈르게가 제안한 임무가 마음에 들지 않았다. 게다가 같은 날 밤에 올보르에서 철도 조차장을 습격하기로 되어 있었는데, 우리의 새 무기를 이용해서 군대식으로 공격할 계획이었다. 나는 뵈르게에게 이 공격이 자전거를 타고 니베로 가서 어느 꼬맹이의 불타는 복수심을 만족시켜 주는 것보다 훨씬 중요한 것이라고 말했다. 하지만 그는 이미 마음을 굳혔다. 나는 뵈르게를 설득하느라 시간을 낭비하지 않기로 했다.

뵈르게는 나중에 크누드에게 친구 둘을 데리고 니베 공격에 나설 거라고 말했다. 하나는 그 분노한 꼬맹이였고 나머지 하나는 자원해서 나선 처칠 클럽의 정식 단원이었다. 그들은 헬게네 정원에 들러 기관총과 권총 두 자루를 회수해 떠났다.

소년들은 오후 일찍 니베에 도착했다. 그들은 무기를 근처 보이스 카우트 막사에 숨겨 두고 오후 늦게 모래 언덕으로 정탐을 나섰다. 독일군 막사가 있는 언덕으로 다가가자, 갑자기 문이 열리면서 독일 병사 하나가 밖으로 나왔다. 그는 빳빳한 제복이 아니라 와이셔츠 바람에 멜빵을 멘 채로 파이프 담배를 피우고 있었다. 곧 그의 동료들도 밖으로 나왔다. 이 세 사람의 유쾌한 병사는 소년들을 보고 인사를 건네며 올라오라고 손짓했다.

병사들과 소년들은 바깥에 서서 화창한 볕 아래 화기애애하게 대화를 나누었다. 아마도 병사들은 달리 어울릴 사람이 없던 차에 소년들이 나타나자 반가웠던 모양이다. 그들은 독일에 있다는 손자들 이야기를 꺼냈다. 그들을 무시무시한 히틀러의 국방군으로 여기기가 점점 더 어려워졌다. 보이스카우트 막사로 돌아온 뵈르게는 갈등에 휩싸였다. 이 할아버지들을 왜 죽여야 한단 말인가. 이게 정말로 그가 나서고 싶은 전투인가? 하지만 그들은 이 독일 보초들을 제거하는 임무에 나섰다. 하겠다고 승인까지 받았으니 이젠 수행해야 할 의무도 있다. 임무는 임무다.

어둠이 깔리자 소년들은 독일군 막사 아래 풀밭 언덕 밑 배수 구덩이로 무기를 가져갔다. 그들은 세 방향으로 흩어졌다. 뵈르게가 기관총을 가지고 앞쪽과 중앙을 맡고, 나머지 둘은 권총을 들고 양옆에 자리를 잡았다. 배를 깔고 엎드린 자세로 풀을 헤치며 기어 올라갈 계획이었다. 가까워질 만큼 가까워지면 멈춰서 초를 헤아린 다음, 문을 박차고 들어가 발사할 것이다.

젖은 풀밭을 헤치며 가는 동안 뵈르게는 용사의 마음을 지니려고 애썼다. 이건 내가 완수해야 할 임무야, 하고 마음을 다잡았다. 이를 통해 4월 9일(독일군이 덴마크를 점령한 날)이 무엇을 의미하는지 독일군에게 보여 주게 될 것이다. 잠든 덴마크인의 혼을 깨울 것이다. 신문 1면의 표제가 눈에 선했다. '독일군이 독일 무기를 든 어린 소년들에게 사살당하다!' 거리가 가까워지자 막사 안에서 춤추듯 일렁이는 촛불 한 자루가 눈에 들어왔다. 막사 쪽으로 30미터쯤 다가갔으나 안에서는 아무

소리도 나지 않았다. 뵈르게의 손이 떨렸다. 그런데 갑자기 문이 열리고, 나이 든 병사들 중 하나가 현관으로 나와 주위를 둘러보았다. 무슨 소리라도 들은 걸까?

병사는 그곳에 잠시 서 있더니, 문을 닫고는 풀밭을 지나 초소 쪽으로 갔고, 사다리를 올라 청음聽音 초소에 자리를 잡았다. 이제 목표는 둘로 분산되었다. 독일군 두 명은 한 건물에 있고, 하나는 다른 건물에 있다. 셋 다 소년들 위쪽이었다. 이제 소년들이 임무 수행에 성공할 확률은 바닥으로 곤두박질쳤다. 주도면밀한 공격이 아니라 자살 돌격이 될 판이었다.

이제는 살인이 문제가 아니라 어떻게 도망갈 것인가 하는 게 문제라는 생각이 머릿속을 가득 채웠다. 소년들은 풀밭에 납작 엎드린 채로 꼼짝도 하지 못했다. 시간이 한없이 느리게 흘렀다. 몸이 축축하고 춥고 무서웠다. 저 위 등대의 청음 초소에 있는 독일군은 소총을 가지고 있을 게 분명했다. 조금 뒤, 소년들은 긴장해서 굳은 몸으로 조금씩 후퇴하기 시작했다. 구덩이까지 내려가는 데 거의 30분이 걸렸고, 막사로 돌아가는 데는 더 오랜 시간이 걸렸다. 일단 무사히 막사에 도착하자, 세 소년은 서로를 겁쟁이라고 욕하며 치고받았다.

뵈르게는 지치고 창피한 마음으로 두 사람을 막사에 남겨 둔 채 밖으로 뛰쳐나와 자전거에 몸을 실었다. 처칠 클럽 친구들에게 니베 공격이 실패했다고 말하는 것은 죽기보다 두려웠다. 하지만 그보다 올보르 공격에 가담하고 싶은 마음이 더 컸다. 뵈르게는 컴컴한 시골길을 자전거로 24킬로미터나 달리면서, 올보르 조차장에 시간 맞춰 도착해 처칠 클럽 역사상 가장 규모가 크고 위험한 활약에 참여할 수 있기를 마음속으로 빌었다.

처칠 클럽의 목표물이 된 철도 조차장 화물차를 찍은 경찰 사진

10
최고의 공격

독일 국방군의 징 박힌 군화 소리가 올보르에 울려 퍼졌고, 시내를 오가는 독일 차량들의 회색 기름 연기가 자욱했고, 처칠 클럽을 뒤쫓는 수사관이 턱밑까지 왔다고 에이길의 누나가 주장하긴 했어도, 여전히 봄이었다. 공기는 따뜻하고, 날은 길고 밝았다. 성당 학교의 최고 상급생들은 이제 졸업이 며칠 남지 않았다. 시험을 통과한다면 말이지만. 처칠 클럽의 어린 학생들은 시험 때문에 벼락치기로 공부하면서도 레지스탕스 활동을 멈추지 않았다. 반 친구들은 무슨 일이 일어나고 있는지 감도 잡지 못했다. 선생들은 학생들에게 그들이 이제 경험과 책임감이라는 면에서 성장하고 있다고 말했다. 그러면서도 그 말이 얼마나 적절한 말이었는지는 알지 못했다. 적어도 몇몇 학생에게는.

다행인 점은, 우페 다르케트 덕분에 처칠 클럽이 세 명의 든든한 동지를 얻었다는 것이다. 우페는 모형 비행기 조립 동호회에 참석하기 위해 자전거를 타고 시내로 오갔다. 어느 날 밤 우페는 부품을 깎고 붙이면서 알프 호울베르Alf Houlberg라는 회원과 이야기를 나누게 되었다. 알프와 그의 형제인 카이Kai, 그리고 그들의 친구인 크누드 호른보Knud Hornbo는 이십대 초반으로, 이웃 마을 브뢰네르슬레브의 공장에서 일하는 노동자였다.

그들은 손을 놀리며 이야기를 이어 갔고, 조금 뒤 기회를 보던 우페는 알프에게 처칠 클럽과 그의 활동에 대해 털어놓았다. 알프는 별로 놀라지도 않고 그들 셋 역시 이 시국에 덴마크 정부가 보인 행태에 염증을 느낀다고 대꾸했다. 사실 그들은 공장 근처 철도 조차장에서 박격포탄 여섯 발을 훔쳤다고 했다. 문제는 이 망할 것의 사용법을 아무도 모른다는 거였다. 과연 처칠 클럽이라면 이 물건을 사용할 수 있을까?

크누드 페데르센: 옌스 형이 우페가 준 육중한 상자 두 개에 담긴 박격포탄을 수도원으로 가지고 왔다. 형은 그걸 아주 조심스럽게 들고 있었다. 박격포탄에 대해 내가 들은 거라곤 잘못 건드리면 터진다는 사실뿐이었다. 나는 상자를 침대 위에 조심스럽게 내려놓으라고 했다. 형이 실수로 침대 기둥을 건드리는 바람에 둘 다 심장이 쫄깃해졌다. 우리는 뚜껑을 열었다. 상자엔 각각 세 개씩 물건이 들어 있었는데, 기름을 묻힌 철사 마개로 막아 둔 쇠 볼링 핀처럼 생겼다. 늘 그랬듯이 사용법은 알 수가 없었다. 그리고 늘 그랬듯이 알려 줄 사람도 없었다.

옌스와 교수는 곧바로 그것들을 형 방 위에 있는 교수의 실험실에서 손보기 시작했다. 첫 번째 아이디어는 탄 하나를 탁자 위에서 분해하고 그 안의 폭약을 비운다는 거였다. 하지만 부품을 모두 분해하고 나니 폭약은 전혀 없었다. 이건 뭘까. 우리가 생각한 해답은 알프와 그의 친구들이 실제 탄약이 아니라 연습용 탄, 즉 가짜 탄을 훔친 게 아닌가 하는 거였다. 교수와 옌스는 포탄 부품을 가지고 다시 실험하고 조사하고 조립하고 그 과정을 뒤집고 또 뒤집고 하면서 무슨 일이든 일어나게 하려고 애썼다. 그러다가 포탄 밑바닥에서 뭔가 흥미로운 걸 발견했다. 7~8센티미터쯤 되는 얇은 쇠 디스크가 바닥에 나사로 고정돼 있었다. 이 디스크 자체가 가연성인 듯 **보였다.**

디스크에 성냥을 갖다 대자 마치 실험실에 태양 일곱 개를 밝힌 듯 불길이 일었다. 옌스 형과 교수는 사람 살리라며 고함을 질렀고, 우리는 물을 가져다가 불을 끄려고 했다. 불길을 잡는 데 적어도 1분은 걸렸다. 짙은 연기 속에서 이 두 위대한 과학자는 마치 승리한 바보들처럼—실제로도 바보들이다—싱글벙글했다.

둘은 작업을 계속해 나갔다. 그들은 이 디스크들이 가연성이 매우 높은 마그네슘으로 제작됐다는 사실을 밝혀냈다. 여기에 성냥을 갖다 대기만 하면 휴대용 소이탄이 되는 것이다. 이 실험에서 우리가 어떻게 살아남았는지 모르겠다. 옌스와 교수는 자살 실험의 세계 일인자라 할 만했지만, 그래도 이번엔 그 물질을 어떻게 다룰지 알아냈다. 적어도 그걸로 작동하는 무기를 만들어 낸 것이다.

큰 진전이었다. 포탄 덕분에 꿈만 꾸던 강력함을 손에 넣었다. 이제 이 도시에서 적을 습격할 수 있게 됐다.

우리는 최종 임무를 위해 포탄 두 종류를 남겨 뒀다. 하나는 내 방 창밖 부돌피 광장에 줄지어 선 독일군 차들을 폭파하는 데 쓸 예정이었다. 드디어 그 꿈을 실현할 때가 왔다. 물론 꿈에서처럼 광장에 폭탄이 터지는 가운데 내가 질주하면서 탑에 붙잡힌 그레테를 보는 광경과는 거리가 멀지만, 그래도 이 싸움은 나치와의 투쟁에서 정수라 할 수 있었다. 이제 우린 소이탄으로 엄청난 공격을 감행할 수 있다.

하지만 실제 실험을 거쳐야 했다.

1942년 5월 2일 저녁, 어둠이 내리자 우리 다섯 명은 나치 활동의 중심지인 올보르 철도 조차장을 향해 자전거로 달렸다. 녹슨 줄로 연결된 유개화차들이 하나의 도시를 이루고 있었다. 일부 컨테이너에는 노르웨이와 스웨덴에서 온 철광석이 실려 있었다. 기계 부품이 적재된 차들도 있었다. 빠르게 확장 중인 올보르 공항에 필요한 자재들도 실려 있었다. 투광등을 켠 조차장은 신음하는 엔진 소리, 쾅 닫히는 문소리, 강철 궤도에 긁히는 바퀴 소리 등 끼이익 하는 소음으로 가득했다. 오늘 밤 우리의 임무는 새 포탄으로 화물차 칸과 거기 실린 화물을 불사르는 일이었다. 기대가 아주 컸다.

무장한 두 감시병이 쇠사슬로 잠가 둔 울타리를 감시하고 있어서 일반인은 조차장에 접근할 수 없었다. 오솔길 하나가 울타리 앞으로 이어져 있었다. 우리 중 한 사람이 보초 역할을 맡아 이 길에 남아 있다가 필요하면 감시병들과 수다를 떨거나, 일이 잘못되면 금속 울타리의 경보 장치를 울리기로 했다. 나머지는 울타리에 구멍을 내서 조차장 안으로 들어갈 예정이었다. 알프와 우페는 화차 밑에 자리 잡고 권총으로 감시병을 하나씩 겨눈다. 나와 다른 한 사람은 화물차로 가서 포탄을 설치한다.

울타리로 기어가던 우리는 예상치 못한 문제와 마주쳤다. 연인 한 쌍이 오솔길 끝에 자리 잡고 앉아 열정적으로 애정 행각을 벌이고 있었다. 이유를 설명하지 않고서 길을 비켜 달라고 할 방법이 과연 있을까? 우리는 가까이 다가가서 눈을 부릅뜬 채 그들을 빤히 쳐다보며 그 행위를 흉내 냈다. 그들은 가운뎃손가락을 들어 올리며 더 은밀한 곳을 찾아 떠났다.

우리는 울타리를 자르고 자리를 잡았다. 우페는 화차 밑으로 기어 들어 감시병 쪽으로 권총을 겨누었다. 다른 단원과 나는 불 지르기에 적당한 화차를 고르기 시작했다. 앞쪽이나 뒤쪽보다는 한가운데를 골라야 독일군이 불붙은 칸을 분리하기가 더 어려울 거라고 계산하고 열차 한가운데로 다가갔다.

첫 번째 녹슨 문을 잡아당기자 끼이익 하는 소리가 울려 퍼졌다. 두 눈이 어둠에 익숙해지자 쾌재를 부를 수밖에 없었다! 그 칸이 비행기 날개로 가득 차 있었던 것이다. 게다가 날개를 동체에 붙이는 법을 알려 주는 종이 안내서까지 함께 있었다. 나치에겐 더없이 귀중한, 당첨 복권 같은 목표물이었다.

나는 날개 조립 안내서를 쌓아 올리고 그 위에 포탄 디스크를 조심스럽게 올렸다. 문 쪽으로 쭈그려 도망칠 준비를 하면서, 성냥불을 켜서 종이 더미 위에 던졌다. 디스크의 불길이 생각보다 빠르게 치솟았고, 화차에서 빠져나오는 중간에 불길이 터지며 나를 강타했다. 내가 땅에 떨어졌을 때 불길은 이미 종이와 비행기 날개 들을 집어삼키고 있었다. 내 동료도 다음 칸에서 똑같이 실행했고 우리는 울타리를 향해 웅크린 채로 뛰었다. 나는 임무가 완수됐음을 알리는 휘파람을 불었고, 우리 모두 울타리 구멍을 통해 빠져나왔다.

그 무렵, 몇 시간 전의 공격에 실패한 뵈르게는 자전거를 탄 채 니베에서 씩씩거리며 달려오고 있었다. 그는 우리의 작업에 찬사를 보내기 딱 좋은 타이밍에 도착했다. 우리는 모두 어둠 속으로 돌아가 일이 벌어지는 광경을 구경했다. 날카로운 사이렌이 온 시내를 뒤덮기 시작했다. 그러더니 독일군이 우리를 지나 조차장으로 쏟아져 들어갔다. 현장에 도착한 덴마크 소방관과 독일 장교들이 미친 듯이 팔을 흔들며 의견을 주고받았다. 처음에는 덴마크인들이 화차 안에 폭약이 든 줄 알고 현장에 발을 들이는 걸 겁내자, 독일군들은 손에 권총을 든 채 들어가라고 몰아붙였다.

덴마크 소방관들이 호스를 풀기 시작했지만 다들 동작이 굼떴고 물이 나오기 시작했는데도 호스를 밟고 있는 경우도 있었다. 독일 군인들은 권총을 휘두르며 움직이라고 고함을 질렀지만, 소방관들은 일을 질질 끌며 제3제국의 재산이 홀랑 타 버릴 시간을 좀 더 벌고 있는 게 분명했다. 우리에겐 의미 있는 순간이었다. 덴마크 당국—소방관들—이 독일인들의 명령에 맞섰던 것이다. 우리는 오랜만에 조국 사람에게 긍지를 느꼈다.

이는 지금까지 우리가 거둔 가장 큰 성공으로, 독일 자산에 큰 피해를 입혔다. 잘 무장하고 전개 작전을 세워 군대식에 가깝게 벌인 활동이기도 했다. 거기 서서 불길이 어둠을 핥는 광경을 지켜보며 독일군이 아우성치는 모습을 목격하는 건 즐거운 일이었다. 하지만 앞으로 다가올 일을 알았더라면, 우리가 벌인 일을 마냥 찬탄하며 그렇게 머물러 있지는 못했을 것이다.

우리를 향한 수사망은 이미 서서히 좁혀 들고 있었다.

박격포탄 여섯 개를 포함한 처칠 클럽의 은닉 무기고 일부

11
돌이킬 순 없어

크누드 페데르센: 1942년 5월의 첫 주 내내 우리는 신경이 팽팽하게 곤두서 있었다. 조차장 임무에서 성공을 거둔 덕분에 신이 났지만, 비밀경찰이 올보르에서 발생한 사보타주의 본거지로 성당 학교를 지목했다고 에이길의 누나가 경고하는 바람에 불안감도 커져만 갔다. 어딜 가든 불안하게 두리번거리게 되었다. 상상이든 실제로 느낀 것이든, 사방에 지켜보는 눈이 있는 것 같았다. 발소리에 귀를 쫑긋 세우고 두려움에 떨며 지냈다.

어느 날 오후, 옌스 형 서재에서 긴장이 폭발했다. 에이길은 울면서 이제 우리가 사보타주 행위를 그만둬야 한다고 했다. 그 애 어머니가 유대인인데, 우리가 자기네 가족의 생명을 위협하고 있다고 비난했다. 유대인들을 말살하기 위해서라면 히틀러가 무슨 짓이든 할 거라며, 우리가 그와 같은 입장이라면 똑같이 생각할 수밖에 없을 거라고 주장했다. 옌스 형이 에이길 편을 들었고, 뵈르게와 나는 귀담아들으려 하지 않았다. 우리 눈에는 오로지 한 가지밖에 보이지 않았다. 바뀐 건 없어, 우리는 말했다. 덴마크인은 여전히 독일의 애완견이고, 독일 놈들은 여전히 돼지이고, 노르웨이 사람들은 여전히 저항하고 있어. 그러니 우리도 그렇게 해야 해. 돌이킬 순 없어. 이제 그런 얘기는 그만해. 부돌피 광장 우체국 앞에 늘어선 독일 놈들 로드스터를 어떻게 할지나 얘기해 보자고.

창밖에선 빛깔 고운 새들이 즐겁게 지저귀고 꽃들이 만개했지만, 우리는 집 안에 틀어박혀 서로 물어뜯고 있었다. 친구들의 마음은 깊이, 그리고 씁쓸하게 분열됐다. 옌스와 내가 서로에게 주먹을 날리려 하자 친구들이 뜯어말렸다. 결국 나는 문을 박차고 뵈르게와 함께 나왔다. 옌스와 다른 아이들은 뒤에 남았다.

5월 6일 오후 5시 경, 올보르 시내의 카페 홀레에서 일하는 여종업원 엘사 오테센Elsa Ottesen은 십대 소년 두 명이 식당 안으로 빠르게 들어서는 모습을 보았다. 고개를 푹 숙인 소년들은 곧장 코트를 보관하는 옷장 쪽으로 향했다가 금세 다시 모습을 드러냈다. 그들은 아무것도 주문하지 않고 식당을 황급히 빠져나갔다. 카페의 통유리 창으로 밖을 내다본 오테센 부인은 그 소년들이 거리에 서서 이야기를 나누는 모습을 목격했다.

몇 분 뒤, 식당에서 식사하던 독일군 장교 한 사람이 총을 잃어버렸다는 사실을 깨달았다. 그는 권총이 든 권총집을 벨트와 같이 카페의 옷장 선반에 놔두었다. 식사를 마치고 무기를 찾으러 갔으나 권총집은 비어 있었다. 독일군 장교는 화가 잔뜩 나서 식당 종업원 모두에게 이 사실을 알렸고, 오테센 부인은 두 소년이 옷장에 들어갔었다는 사실을 퍼뜩 떠올렸다.

오테센 부인은 경찰에 상세하게 진술했다. 부인은 전에도 그 애들을 본 적이 있었다. 소년들은 식당에 몇 번 왔는데, 늘 옷장 근처만 기웃기웃했고 아무것도 시키지 않았다. 자전거를 탄 채로 식당 앞에 모여서 이야기를 나누는 모습도 몇 번인가 보았다. 적어도 두 번은 손으로 눈 주위를 가리고서 유리창 안을 골똘히 들여다보기도 했다. 그들 중 하나는 키가 아주 컸고, 숱 많은 머리칼을 눈에 띄게 빗어 올렸다. 오테센 부인은 다시 볼 수만 있다면 자기가 그 소년을 알아볼 수 있을 거라고 생각했다.

크누드 페데르센: 5월 8일 금요일, 수업이 오후 3시에 끝났다. 또 한 주가 지나고 있었고 며칠 후면 여름이었다. 헬게와 뭔가를 떠들어 대며 교문을 나서는데, 각 잡힌 옷을 차려입은 남자가 어떤 여자를 대동한 채 길 건너에 서 있는 게 보였다. 둘 다 우리 쪽을 똑바로 보고 있었다. 본 적 없는 사람들이었는데, 우리에게서 눈을 떼지 않았다. 나는 그 사람들을 몰래 잘 봐 두려고 주머니에서 빗을 꺼내 머리칼을 빗어 올리는 척했다. 그게 화근이었다.

"저 애예요."

엘사 오테센 부인이 같이 온 남자에게 말했다.

"저기 키 큰 애."

나는 헬게에게 말했다.

"우리가 방금 지나친 저 남자 보여? 우릴 미행하고 있어. 돌아보지마. 잠깐 서 봐."

우리는 멈춰 섰다. 그러자 그들도 섰다. 남자는 채소 가게의 순무가 세상에서 가장 중요한 물건이라도 되는 양 진열장을 뚫어져라 쳐다보며 서 있었다. 우리는 모퉁이를 돌자마자 그 자리에 다시 멈춰 섰다. 조금 뒤에 남자도 같은 모퉁이를 돌아 미끄러지듯 다가오더니 우리에게 부딪칠 기세로 달려들었다.

"보안경찰이다!"

남자가 소리쳤다.

"신분증을 내놔."

부탁이 아니라 명령이었다.

몇 시간 뒤, 수도원 정문의 초인종이 울렸다. 하녀가 문을 빼꼼 열자, 경관들이 쿵 하고 문에 부딪치며 어깨로 문을 열고 들어와서는 체포하겠다고 소리를 지르면서 옌스 형의 방으로 돌진했다. 옌스는 책상 서랍에 장전한 권총을 넣어 두었지만, 영리하게도 거기에 손을 대지는 않았다.

"무기들은 어디에 있나?"

그들이 물었다. 형은 자리에서 일어나 곧장 무기를 감춰 둔 지하실로 그들을 데리고 내려갔다.

그날 자정쯤 우리는 몽땅 체포되었다. 체포된 열한 명 중 여섯은 성당 학교 학생이었고, 뵈르게와 우페처럼 다른 학교 애들도 있었다. 뵈르게는 곧 우리와 헤어지게 되었는데, 그 애가 열네 살이고 너무 어려서 덴마크 법에 따르면 형무소에 가둘 수 없기 때문이었다. 우리보다 나이가 많은 브뢰네르슬레브 공장 노동자인 알프와 카이, 크누드 호른보도 붙잡혀 왔다. 우리에게 박격포탄을 준 사람들이었다. 경찰은 우리를 따로 갈라놓고 올보르 경찰서에서 한 명씩 심문했다. 얼마 후, 경찰서의 모든 심문실은 레밍턴 타자기를 두드리는 소리와 남자애들이 온통 새빨간 거짓말을 늘어놓는 소리로 가득 찼다. 경관들은 화가 머리끝까지 나서 조서를 북북 찢어 버린 뒤에 계속 거짓말을 늘어놓으면 더 가혹한 벌을 받을 거라고 을러댔다.

코펜하겐에서 온 경관 둘이 나를 사무실로 데려가더니 의자를 가리키고는 문을 닫았다. 그들이 궁금해한 건 박격포탄의 출처였다. 어디서 그걸 얻었지? 글쎄요. 나는 대답했다. 영화 보다가 휴식 시간에 어떤 사람을 만났는데요, 그 사람이 어쩌다가 박격포탄을 갖게 됐다기에 우리가 좀 써도 되느냐고 물어봤죠.

"그 사람 이름이 뭐야?"

"자기 이름을 말 안 했어요."

경관 중 한 사람이 내 어깨를 붙잡아 벽으로 밀어붙였다.

"네 아버진 목사님이지!"

그가 시뻘건 얼굴을 내 얼굴 거의 5센티미터 앞까지 들이대면서 소리를 질렀다.

"아버지가 거짓말은 죄라고 하셨을 텐데! 넌 나한테 거짓말을 하고 있어! 자, 이제 포탄을 준 사람 이름을 대라."

나는 이름을 모른다고 우겼다.

"그래? 그렇다면 어떻게 생겼지?"

나는 경관들에게 갈색 곱슬머리에 갈색 눈을 지닌 사람이었다고 얘기했다. 내가 알프에 대해 털어놓은 건 그 조그만 사실이 전부였다. 심문이 끝나자 나는 스스로 꽤 잘 버텼다고 생각했다. 쏟아지는 질문 속에서도 나는 내 혀를 잘 간수했다. 물론 심문은 다음 피의자에게로 계속 이어졌다.

"너희에게 박격포탄을 준, 갈색 곱슬머리에 갈색 눈을 지닌 남자가 누구지?"

"알프요."

누군가가 대답했다.

그런 식으로 질문이 계속 이어졌다. 두 아이를 대질심문하고 따로 심문하는 과정을 반복하며 그들은 알프와 카이의 성까지 알아냈다. 크누드 호른보에 대해서도 마찬가지였다. 심문관이 워낙 전문가여서, 우리는 스스로 영리하게 숨기고 있다고 안심하면서 우리가 가진 정보들을 모조리 털어놓았다. 그러면 곧 대질심문이 이어졌고, 계속 거짓말을 하는 건 불가능했다.

초저녁에 소년들의 부모들이 속속 도착했다. 어떤 이들은 경찰이 들이닥쳐 거친 손길로 아들을 끌고 갈 때 집에 있었다. 나머지는 조금 전 그 사실을 전해 듣고 공포와 혼란에 빠져 경찰서로 달려왔다. C. L. 바크Bach라는 나이 지긋한 백발의 경찰국장이 그들을 맞이했다. 각각의 부모들을 자기 사무실로 안내해 최선을 다해 자초지종을 설명하는 동안 그의 두 눈에는 연민의 눈물이 고였다.

크누드 페데르센: 부모들은 충격에 빠져 완전히 말을 잃었다. 그들 중 누구도 처칠 클럽이나 우리 활동에 대해 아는 바가 없었다. 아들이 브리지 게임을 한다고 여겼던 지난 반년 동안 실제로는 무슨 일을 벌였는지 경찰국장에게 전해 들은 사람들은 눈이 휘둥그레졌다. 부모들끼리도 서로 모르는 사이였기 때문에 분위기는 더 묘해졌다. 그들 중 몇몇—올보르에서 가장 유망한 공장주, 의사, 변호사 들—은 경찰서라는 곳에 아예 와 본 적이 없었다.

우리 부모님은 결혼식에 참석했다가 급히 오느라 정장 차림이었다. 어머니는 진주 목걸이를 둘렀고 아버지는 턱시도를 입고 있었다. 결혼식장에 있던 두 분에게 누군가가 와서 전화를 받으라고 했고, 아들들이 경찰에 체포되었다는 이야기를 듣자마자 부모님은 5분 만에 달려왔다. 옌스 형과 나는 우리가 한 일, 즉 조국을 위해 떨쳐 일어난 일이 부끄럽지 않았지만, 그날 밤 부모님의 눈을 바라볼 수는 없었다. 어떤 부모들은 "네가 어떻게 그럴 수 있니?"라는 말을 되풀이했지만, 우리 부모님은 그러지 않았다. 일단 우리가 안전한지, 연행되면서 험한 취급을 당하지는 않았는지를 가장 먼저 확인했다. 부모님이 우리가 한 일을 꾸짖거나 우리에게 벌을 주고 싶어 할 거라는 생각은 들지 않았다. 그들은 활동가였고 공인이었고 지역 지도자였으며 우리 가족에게 닥친 불행을 전쟁이 가져온 일반적인 불행 이상으로는 여기지 않을 거였다. 마치 "평화로울 때에는 아이들이 부모를 묻는다. 전쟁 중에는 부모가 아이들을 묻는다."라는 격언이 말하듯이. 그들은 분명 우리를 자랑스럽게 생각하고 있었다.

경찰은 밤새 우리를 심문했다. 하루 종일 담배를 한 대도 피우지 못하다가 한밤중에 한 개비를 권유받으면 얼마나 많은 정보를 털어놓게 되는지! 새벽 2시쯤 되자 경관들은 결국 만족했다. 몇몇 활동은 숨기는 데 성공했지만, 그들은 우리에게서 대부분의 사실을 알아냈다. 소년들은 각각 서면 진술서를 써야 했다. 다들 머리조차 들 수 없을 정도로 지쳤지만, 여전히 자부심 가득한 몇몇 소년은 화가처럼 과장된 동작으로 이름을 휘갈겨 서명했다.

마침내 동 트기 직전에 우리는 무장한 경비병들과 함께 경찰 승합차에 실려 올보르 시 구치소인 킹 한스 가데스 교도소로 보내졌다. 도착해서는 소지품을 내놓고 감방에 갇혔다. 죄수복을 주더니, 갈아입은 옷은 창살 밖 의자에 올려놓으라고 했다. 나는 옌스 형과 한방에 갇혔다. 간수가 멀어지자마자 우리는 창문과 창살을 뜯으려고 해 봤다. 두껍고 튼튼하며 자리에 든든히 박혀 있었다. 매트리스에 눕자 곧 눈이 감겼다. 내가 다시 자유의 몸으로 잠들려면, 앞으로 아주 오랜 나날이 흘러야 할 것이다.

킹 한스 가데스 교도소에서 히틀러에게 보낼 사진을 찍기 위해 포즈를 취한 소년들. 1번은 크누드, 2번은 옌스, 3번은 모겐스 피엘레루프, 4번은 에이길, 5번은 헬게, 6번은 우페, 7번은 모겐스 톰센. 번호가 없는 소년은 뵈르게이다. 오른쪽 남자는 신원 불명.

12
수감된 소년들

크누드 페데르센: 겨우 몇 시간 뒤, 나는 간수의 거친 목소리에 화들짝 깨어났다.

"당장 옷 입어. 재판에 가야 하니까."

나는 눈을 비비고 주위를 둘러봤다. 하나뿐인 침대를 형이 차지했고, 나는 바닥의 매트리스에서 굴아떨어져 있었다. 네 벽 중 한 곳에 높이 뚫린, 창살 박힌 작은 창문에서 희미한 빛이 흘러들어 왔다. 직사각형의 작은 감방 맞은편에는 손잡이가 없는 튼튼한 문과 바깥쪽에서 뚜껑을 여닫는 감시 구멍이 있어서 간수들은 우릴 감시할 수 있었지만 우리에겐 바깥이 보이지 않았다. 리놀륨 바닥에는 탁자와 의자 하나가 고정돼 있었다. 그게 다였다. 이게 집이었다.

우리는 제복 입은 덴마크인 경찰과 함께 버스로 법정에 이송되었는데, 한 사람당 간수가 하나씩 붙었다. 버스 창밖 거리에서는 평소와 다

성당 학교의 교장 키엘 갈스테르

름없이 일터로 혹은 학교로 향하는 사람들이 부산하게 움직였다. 하지만 독일의 압제하에서는 그들이라고 해서 우리보다 더 자유롭지는 않았다.

법정은 창문이 높고 리놀륨 바닥이 번쩍이는 엄숙한 정사각형 방이었다. 판사가 서류에서 고개도 들지 않고 감금을 4주 연장하고 감방으로 돌려보내라고 말하는 데 몇 분도 채 걸리지 않았다.

크누드와 다른 친구들이 법원과 교도소를 오가며 이송되는 동안, 성당 학교 교장인 키엘 갈스테르Kjeld Galster 목사는 아침 조회 시간에 학생들 앞에 서서 그들의 학우 여섯 명이 지난밤 연행되었고, 독일군에 대한 사보타주 행위로 기소되었다고 말했다. 그는 소년들의 이름을 소리 내어 읽었다. 크누드 페데르센, 옌스 페데르센, 에이길 아스트루프 프레데릭센, 헬게 밀로, 모겐스 피엘레루프, 모겐스 톰센. 그가 말했다. 너희 친구들이 지금 킹 한스 가데스 교도소에 갇혀 있다고.

몇몇 학생이 자리를 박차고 일어나 학교 밖으로 달려 나갔다. 교사들은 비켜섰다. 학생들은 교도소 밖에서 구호를 외치고 친구들을 향한 격려의 말들을 외쳤다.

법정에 있던 소년들은 그 소리를 듣지 못했다.

다른 학생들은 크게 동요한 채 학교에 남았다. 한 학생은 나중에 이렇게 썼다. "그 소식은 너무나 큰 충격이었다. 어제까지도 학교에서 우리와 어울리며 함께 공부하고, 운동장에서 함께 놀던 아이들이 방과 후 독일에 대항하는 사보타주를 일으켰다…… 친구들이 겪게 될 음울한 운명을 그리지 않을 수 없었다. 우리는 체포된 학우들이 즐겨 앉던 텅 빈 벤치를 바라보며 앉아 있었다. 어느 선생님은 한 시간 동안 두 손에 머리를 묻은 채 한마디 말도 없이 앉아 있었다."

한 교사는 그 소식을 듣고 강렬한 감정에 사로잡혀 좀 더 건설적인 일을 찾아냈다. 크누드를 가르치는 기술 선생이었다. 그는 크누드가 기술 수업을 싫어하고 목공에 흥미가 없다는 사실을 알았다. 거의 한 학기 내내 크누드에게 고함을 지르고, 게으르다고 야단치고, 솜씨가 없다고 다른 학생들 앞에서 대놓고 말한 데 대한 후회에 사로잡혔다. 소년의 행동에 깊이 감명한 그는 크누드가 끝내지 못한 기술 숙제를 대신하기 시작했다. 그리고 작업을 마치자, 섬세하게 제작된 탁자를 수도원으로 보내 페데르센 가족에게 선물했다.

사보타주 조직과 소년들의 체포 소식은 금세 올보르를 휩쓸었다.

가게에서, 사무실에서, 학교에서, 공장에서 소문이 들끓었다.

독일과 덴마크의 고위 공무원들은 이미 팽팽한 협상을 은밀하게 진행 중이었다. 이번 사건은 전쟁 중 덴마크에서 일어난 최초의 사보타주 검거로, 모든 이목이 쏠려 있었다. 가장 큰 문제는 이것이었다. 누가 재판을 지휘할 것인가? 덴마크인가, 독일인가? 소년들이 유죄 판결을 받는다면 어느 쪽 사법 체계 안에서 벌을 받을 것인가? 만약 독일 당국이 선고한다면, 소년들은 최선이라고 해 봐야 자비심은 눈곱만큼도 없는 노동 수용소로 보내질 터였다. 최악의 경우 히틀러가 그들을 본보기 삼아, 저항하는 사람들에게 어떤 일이 일어날지 보여 주기 위해 처형하기로 결정할 수도 있었다. 덴마크 법정에서 재판을 받게 되면, 제3제국이 이 문제를 심각하게 여긴다는 걸 전 세계에 보이기 위해, 덴마크를 손아귀에 넣은 독일인들이 빠른 유죄 선고와 가혹한 판결을 요구할 가능성도 높았다.

다른 문제 또한 만만치 않았다. 독일과 덴마크 간의 협상이었다. 많은 덴마크인이 독일 점령에 만족했다. 돈도 잘 벌고, 집도 굳건히 서 있었으니까. 독일 입장에서 보면, 독일 병사들과 장교들은 이곳에서 배불리 먹고 있으며, 덴마크의 도시들을 제 집 드나들 듯 돌아다닐 수 있었고, 현 상황을 유지하기 위해 손 하나 까딱할 필요가 없었다. 큰 병력을 동원할 필요도 없었다. 군인들이 약간 위협하기만 해도 덴마크인들을 규제하는 데 충분했다. 많은 면에서 양쪽에 득이 되는 거래였다. 하지만 이 아이들이 일을 휘저어 놓았다. 그들을 어떻게 다룰 것인지는 중요한 문제였다. 독일인들은 이 청소년들을 가혹하게 대함으로써 덴마크 민중의 분노를 불러일으키고 싶지 않았지만, 그렇다고 만만해 보여서도 안 되었다. 상당히 까다로운 상황이었다.

소년들이 체포되고 사흘이 지난 뒤, 올보르 시의회는 독일 당국에 처칠 클럽의 행동을 사과하는 애원의 편지를 보냈다. 시장이 서명한 편지는 다음과 같았다.

올보르 시의회는 성당 학교에 재학 중인 몇몇 청소년들에 관한 안타까운 소식을 접하고…… 그들이 독일군에 매우 심각한 여러 가지 해를 끼쳤음을 인지한바…… 시의회는 시민들을 대신하여 이러한 행위에 대해 깊은 유감을 표한다…… 시의회가 보증하는 바이지만, 이런 불법행위가 발생했음을 전혀 인지하지 못한 많은 가정들이 이로 인해 슬픔과 경악을 맛보았다. 이에 시의회는 이번에 발생한 사건이 독일군과 덴마크 정부 및 시 당국 간의 우호적 관계에 악영향을 끼치는 일이 없기를 희망한다.

결국 독일은 덴마크 당국이 재판을 맡도록 허락했으나, 조건이 있었다. 첫째, 갈스테르 목사를 성당 학교에서 해임하고 올보르에서 추방할 것을 주장했다. 둘째, 독일 참관인이 재판마다 동석해 주의 깊게 지켜보고 베를린에 보고해야 함을 명시했다. 처칠 클럽의 재판을 위해 수도 코펜하겐에서 판사와 검사가 각각 한 사람씩 올보르로 파견되었다.

크누드 페데르센: 교도소에서 우리는 일반 죄수들과는 다른 취급을 받

왔다. 일단 우리는 다른 죄수들과 달랐다. 우린 사립학교를 다니는 십대 아이들이었고, 경찰들은 지금까지 주정뱅이와 도둑들만 봐 왔다. 게다가 우리는 몇몇 죄수들의 마음을 깊이 감동시킬 만한 일로 여기 갇혔다. 우리는 인기가 많았고 다른 재소자들로부터 그들이 베풀 수 있는 최상의 대우를 받았다. 우리가 권총 세 자루를 훔친 크리스티네에서는 커피를 보내왔다. 심지어 우리를 고발한 여종업원이 있는 카페 홀레에서도 크림 케이크를 보냈다. 그리고 깊은 곤경에 빠지긴 했어도 우린 십대 특유의 명랑함과 활기가 넘쳤다. 우리가 처한 상황을 최대한 이용했다. 그리고 우린 뼛속 깊이 불손했다.

가끔 우리에게 배정된 의사에게 정신 상태를 검진받으러 갔다. 정신병 때문에 사보타주를 저질렀다는 진단 결과를 제출하면 덴마크 당국으로선 일이 편해질 터였다. 의사는 우리 눈을 열심히 들여다보면서 "너한테 일만 크로네가 있으면 그 돈을 어디에 쓸래?" 같은 질문을 했다. 알프는 자기가 이렇게 대답했다고 말했다. "감사한데, 너무 많아요. 오천이면 충분해요."

의사는 우리의 일반 지식을 검사하는 시험지를 주었다.

"계절은 왜 여름에서 겨울로 바뀌는가?"
"엘리자베스 여왕은 언제 집권했나?"
"포르투갈의 수도는 어디인가?"
"은혜를 입는다는 것은 무슨 뜻인가?"

마지막 질문이 아주 흥미로웠다. 우리 중 하나는 이렇게 답했다. "만약 내가 십 년 형을 선고받는다면 일어나서 말할 것이다. '감사합니다, 은혜를 입었습니다.'"

우리는 매일 한 시간씩 교도소 마당에 나가 있도록 허락받았다. 보통은 감방 안에서 책을 읽고 글을 쓰거나, 모형 비행기를 만들거나, 잠을 청했다. 그러다가 열쇠가 덜컹 하고 돌아가고 간수가 "오락 시간이야!" 하고 외치면, 3미터는 되는 높은 시멘트 벽에 위에는 그물이 쳐진 수감 공간으로 향했다. 거기서 우리 중 일부는 체스를 두었고, 누군가는 공놀이를 했다. 한번은 벽 너머에서 독일군이 바보 같은 농장 민요를 부르며 걷는 소리가 들리기에, 우리는 재빨리 1차 대전 때 영국군이 불렀던 유명한 행진가 「티퍼러리까지는 멀다네」로 응수했다. 독일인들은 이를 두고 교도소 당국에 불평을 해 댔다.

우리는 야외 활동 시간에 담배를 피울 수 있게 해 달라고 경찰국장에게 편지를 썼다. "친애하는 경찰국장님, 담배 한 대만 피울 수 있게 해 주세요. 다 피우면 확실히 비벼 끄고, 절대 감방으로 가져가지 않겠습니다. 맹세코 약속을 지키겠습니다." 우리 모두 편지에 서명을 했다. 그리고 탄원서는 효과가 있었다!

우리는 매일 당국을 조롱하는 희극과 촌극을 짰다. 교도소 마당에서 우리가 알게 된 법원 당국자들을 흉내 내며 재판 장면을 공연했다. 연극은 매번 우리의 사형 선고로 끝났다. 죽음의 장면에서는 가슴에 흰 손수건을 꽂았다. 사실 우린 마음 깊이 처형당할 일을 걱정하고 있

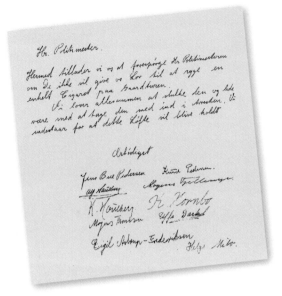

야외 활동 시간에 담배를 피울 수 있게 해 달라고 올보르 경찰국장에 게 보낸 탄원서

었다. 그들이 우릴 어떻게 죽일까를 두고 수없이 이야기를 나눴다. 우 릴 쏠까? 만약 그렇다면, 한 줄로 세워 놓고? 아니면 한 사람씩? 그러 면 아플까? 얼마나 걸릴까? 누군가가 나치 같은 깡패들이 죄수를 처형 하는 내용의 영화를 봤다고 했다. 그 망할 놈들은 이미 사용한, 가슴에 구멍이 나 있는 상의를 죄수들에게 입혀서 새 옷을 더럽히지 않으려 했 다. 킹 한스 가데스 교도소에는 나이 많은 죄수들이 모인 감방이 있었 는데, 한 남자는 자기 마누라가 나치라는 걸 알게 돼서 그녀를 죽였다 고 했다. 이 남자는 모르는 게 없는 듯 굴었다. 그 인간 말로는 처형을 당하면 그 고통이 반시간은 간다고 했다.

우린 감금의 괴로움을 각자의 방식으로 대면하고 있었다. 나는 늘 신경질적인 활력을 유지했다. 모든 걸로 덜그럭 소리를 내고, 감방 여기저귀에 그림을 그려 댔다. 반면 옌스는 천성이 깔끔했다. 수도원에서 다른 방을 쓸 때는 문제가 안 됐는데, 이제 하루 종일 작은 감방에 붙어 있게 된 것이다. 처음에 형은 『카라마조프의 형제들』 같은 걸 읽으며 가급적 나를 신경 쓰지 않으려고 했다. 하지만 어느 날은 책 너머로 나를 쏘아보더니 닥치라고 했다. 곧 우리는 얼굴을 맞대고 체포당한 게 누구 잘못인지를 따지며 서로를 욕하기 시작했다.

옌스: 우리한테 포탄을 준 브뢰네르슬레브 사람들 얘길 경찰에 왜 한 거냐? 그럴 필요가 없었어. 그 사람들을 구할 수 있었다고!

나: 형이 경찰을 곧장 지하실로 데려가는 바람에 그 포탄에 대해 설명해야 했거든.

옌스: 그놈들한테 지하실 안 보여 줬어. 네가 얘기한 거지.

나: 내가 말한 건 형이 우리 형이라는 얘기뿐이었다고. 그리고 애초에 그 얘기가 왜 나왔는지 알아? 형이 스케이트장에서 독일 놈을 자빠뜨려서 반兄나치 명단에 올랐기 때문이야. 병신 같은 짓이지!

옌스: 이 나치 자식이!

나: 이 공산주의자 새끼가!

그러고 나서 우리는 서로 사랑하지만 반년 동안 엄청난 압력을 견뎌 온 형제답게 서로에게 주먹을 휘둘렀다. 처칠 클럽의 모임은 늘 우리 집에서 열렸다. 모든 부담이 우리에게 지워졌다. 너무나 많은 것들이 쌓여서 그날 오후에 결국 터지고 말았다.

감옥의 모든 사람들이 고함을 쳤고, 간수들이 달려와 우리를 떼어 놓았다. 그들은 옌스를 알프와 함께 옆방에 가두었다. 그날 밤 잠자리에 들면서 가슴이 좀 아리긴 했지만, 결국 이 처사 덕분에 우린 각자의 재능을 생산적으로 발휘할 수 있게 됐다.

하루는 간수들이 우릴 마당에 불러 모으더니 사진을 찍었다. 체포된 뒤 처음으로 뵈르게를 보았다. 그 애는 우리처럼 체포되었지만 어른처럼 기소되기에는 너무 어렸다. 그 애 말로는 소년원에서 지낸다고 했다. 우리는 각자 번호표를 든 채 양옆으로 나란히 서야 했다. 늘 그랬듯이 상황을 두고 장난을 치는데, 간수가 그만하라고 했다.

"심각하고 슬퍼 보이는 게 좋아. 사진은 곧장 베를린으로 갈 거니까. 히틀러가 직접 볼지도 몰라. 웃음기 빼고 찍는 게 현명할 거다."

그래서 우린 그렇게 했다. 뵈르게가 불려 온 이유도 알게 됐다. 그 애는 우리 중에 가장 어리고 가장 순진해 보이니까, 우리가 그저 장난치다가 붙잡힌 순진한 학생들일 뿐이라는 인상을 결사적으로 심어 주고 싶었던 덴마크 당국은 그가 도움이 되리라 여겼던 것이다.

크누드와 동료들은 봄이 지나 여름이 되도록 갇혀 있었고, 처칠 클럽의 체포 소식은 덴마크 전역으로 계속 퍼져 나갔다. 독일의 혹독한 검열에도 불구하고 올보르 학생 사보타주에 관한 뉴스는 신문과 라디오에서 빠지는 법이 없었다. 나이야 어떻든 이 처칠 클럽의 소년들은 조직화된 덴마크 저항 세력이었고, 덴마크가 독일 점령에 저항한 최초의 살아 있는 증거였다. 몇 년 뒤 성당 학교의 반 친구는 이렇게 썼다. "(그들의 체포 소식은) 우리에게 폭탄선언이었다. 처칠 클럽의 존재가 드러난 일이 덴마크 사람들에게 남긴 어마어마한 의미를 오늘날에는 상상하기 어렵다. 그 정신적 충격은 엄청났고, 지속되었다."

사람들은 집에서 은밀하게 이 올보르 소년들에 대해 이야기했다. 어떤 덴마크인들은 나치에 맞선 것이 어린 학생들이라는 사실에 부끄러워했다. 어떤 이들은 소년들이 잠자는 거인을 깨워서 일을 악화시켰다고 두려워했다. 한 올보르 신문의 칼럼니스트는 소년들을 꾸짖었다. "외국군에 바보 같은 짓을 저질렀다…… 그들은 영웅이 아니라 바보이자 악당들이다. 그들이 책임감 없고 양심 없는 짓으로 우리 시와 조국을 위험에 빠뜨렸으니 유죄다…… 그들은 이 사실을 깨달을 때까지 맞아야 한다."

그와는 반대로 많은 사람들이 깨달음을 얻었다. 올보르의 거리와 가게에는 시민들을 촉구하는 전단이 나돌았다. "체포된 청소년들과 그 부모를 따뜻한 눈으로 바라봅시다! 그 일로 그들을 미워하는 게 아니라 모든 덴마크인의 존경을 받을 자격이 있는 선한 애국자로 여기고 있음을 보여 줍시다. 그들을 지지하는 분위기를 통해 독일인들이 그들을 나라 밖으로 데리고 나가거나 총살하려 하기 전에 다시 생각하게끔 합시다."

덴마크의 가장 저명한 시인이자 극작가인 카이 뭉크Kai Munk는 페데

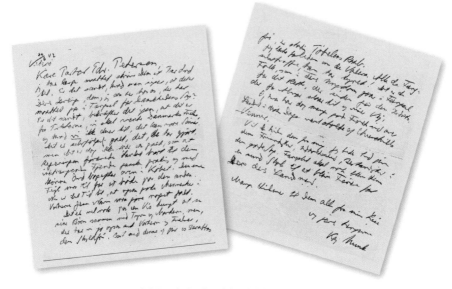

카이 뭉크가 에드바르 페데르센에게 보낸 편지

르센 형제의 부모에게 동조의 뜻이 담긴 편지를 썼다. 그 내용은 지하 전단에 게재되어 덴마크 전역에 은밀하게 알려졌다. 뭉크는 이렇게 썼다. "물론 그들의 행동은 잘못된 것입니다. 하지만 이는 침략해 온 적군에게 나라를 넘겨준 정부의 잘못에 비하면 아무것도 아닙니다…… 이제 선한 사람들이 주 예수의 이름으로 잘못된 일을 해야 할 때가 왔습니다…… 나는 신께서 그들에게 밝은 마음과 인내심과 선한 동기를 지키는 지조를 주시길 기도합니다."

처칠 클럽 소년들은 각각 개인적으로, 그리고 적은 수로 모여 1942년 초여름의 열흘가량 법정에서 증언을 했다. 담당 판사는 아르투르 안데르센Arthur Andersen으로, 코펜하겐 법원에서 올보르로 특별 파견한 경험 많은 법률가였다. 그는 재판 기록을 남기기 위해 실코비츠Silkowitz라는 비서를 대동했다. 처칠 클럽 단원들은 재판 기간 동안 이 비서가 끊임없이 판사의 말에 끼어들어 "이건 적을까요?" 혹은 "이 부분은 삭제할까요?" 하고 질문했던 걸 기억했다.

제복을 갖춰 입은 독일 영사가 작은 집필용 탁자에 뻣뻣하게 앉아 증언을 귀 기울여 듣고 적어 내려갔다. 그의 손이 움직이면 거기에 이목이 쏠렸다. 법정에는 부모도, 기자도, 친구들도 없었다. 분위기는 사무적이었다.

카이 뭉크

흔히 카이 뭉크로 불리는 카이 하랄 레이닝에르 뭉크Kaj Harald Leininger Munk(1898~1944)는 덴마크의 극작가, 시인, 루터파 성직자, 활동가였다.

뭉크의 희곡은 주로 1920년대에 쓰였고 1930년대에 공연되었다. 그는 종교, 마르크스주의, 다원진화론 같은 묵직한 주제를 주로 다루었다.

뭉크는 처음에 히틀러가 독일을 대공황으로부터 정상 궤도로 돌려놓았다는 사실에 경의를 표했으나, 그가 독일 유대인을 박해하는 것을 보고 마음이 싸늘하게 식었다.

희곡 「그는 용광로에 앉아 있다」Han Sidder ved Smeltediglen와 「닐스 에베센」Niels Ebbesen은 나치를 강하게 직격했고, 그는 히틀러의 분노를 샀다. 결국 뭉크는 체포되어 1944년 1월 4일 게슈타포에 의해 암살당했다.

카이 뭉크는 덴마크의 국민적 영웅이다. 루터파 교회는 성인력聖人曆에 그를 순교자로 기록하고, 매해 8월 14일 그를 추모한다.

크누드 페데르센: 우리에겐 변호사 둘이 배정됐다. 한 사람은 코펜하겐에서 온 루뇌스Lunøes였다. 우린 그를 별로 좋아하지 않았는데, 그가 항상 우리를 제멋대로인 어린애들로 묘사했기 때문이다. 올보르 출신의 지역 변호사는 크누드 그룬발Knud Grunwald이라는 뚱뚱하고 명랑한 사람이었다. 그는 늘 고함치고 겁을 주면서 우리에게 독일인들의 비위를 거스를 말은 하지 말라고 했다. 그룬발은 계속 교도소로 면회를 와서 우리를 재판에 대비시키려 했다. 그는 왔다 갔다 하며 소리쳤다.

"이젠 너희가 한 짓을 후회하겠지! 대답해 봐! 후회하나?"

우리가 대답하기도 전에 그는 알아서 대신 대답했다.

"당연히 그렇겠지. 올보르의 독일 영사가 베를린으로 직통 보고를 한다는 사실을 기억해야만 해. 히틀러가 그 내용을 들을 거라고! 너희가 법정에 있을 땐 이 사실을 기억해!"

안데르센 판사는 좀 더 친절하고 부드러운 접근법을 구사했다. 어느 날 그는 나에게 말했다.

"크누드, 넌 오늘 오덴세에서의 활동을 말하게 될 거다. 모두 털어놔도 좋아. 그땐 열네 살이었으니 미성년법으로 처벌받지 않을 거다."

물론 나는 그가 원하는 대로 RAF 클럽 단원들의 이름을 털어놓지 않았다.

모든 문제의 핵심은 무기였다. 그들이 염려한 건 그거였다. 무기를 왜 훔쳤는가. 그걸로 뭘 할 작정이었나. 우리 변호사도 그랬지만, 확실히 덴마크 정부는 우리가 마치 장난감이나 기념품처럼 그걸 친구들에게 자랑하려고, 혹은 훔치고도 무사히 넘어갈 수 있는지 궁금해서 그것들을 수집했다고 증언하기를 바랐다. 우리는 그냥 모험을 찾는 어린애였다고, 우리 입으로 그렇게 말하길 원했다.

증언 기간 중에 한번은 안데르센 판사가 우리 넷을 불러 자기 앞에 세워 놓고 한 사람씩 돌아가며 왜 무기를 훔쳤느냐고 물었다. 내 차례가 되어, 나는 우리에게 그 무기가 장난감이 아니었다고 말했다. 영국이 우릴 해방시키러 오면 그걸로 지원할 계획이었다고 했다. 그룬발은 펄쩍 뛰더니 판사에게 다음 날까지 휴정을 요청했다. 그 요청은 받아들여졌고, 그날 재판은 휴정되었다.

그날 밤 그룬발이 교도소로 쳐들어와 건물이 떠나가라 화냈다.

"거의 될 뻔했는데!"

그가 씩씩거렸다.

"너희가 그 무기를 사용할 의사가 없었다는 판결이 거의 날 뻔했는데! 근데 이 천치는—그러면서 나를 가리켰다—너희의 멋진 계획이 독일군을 그들의 무기로 쏘는 거였다고 증언하려 하지! 이 바보야! 이제 딱 한 번 더 기회를 줄 테니 이번엔 망치지 않는 게 좋을 거다!"

다음 날 그룬발은 판사에게 전날 질문을 되풀이해 달라고 요청했다. 내가 대답할 차례가 되자, 독일 참관인이 손을 멈추고 고개를 드는 게 보였다.

그래서 나는 당연히 어제 했던 대답을 똑같이 되풀이했다.

킹 한스 가데스 교도소를 그린 알프 호울베르의 그림. 그물로 뒤덮인 두 운동장이 보인다.

13
가짜 창살

크누드 페데르센: 우린 처음부터 탈출할 생각을 품고 있었다. 구금 상태로는 독일 점령에 대항하여 조국에 보탬이 될 수 없으니까. 따라서 우리는 낡은 감방의 모든 창살과 벽돌과 자물쇠를 일일이 검사했다. 탈출할 수 없도록 매일 밤 간수에게 옷을 반납해야 했지만 어떻게든 밖으로 나갈 길을 찾겠다는 마음이 분명했으므로 우리는 곧 셔츠와 바지를 비축하여 숨기게 되었다.

야외 감옥 운동장이 가장 좋은 후보지로 보였다. 두껍고 높은 돌담으로 둘러싸여 있긴 해도, 천장에는 가는 철망이 씌워져 있을 뿐이었다. 손만 닿으면 잘라 낼 수 있을 것이다. 30분씩 하루 두 번 주어지는 운동 시간 동안 간수가 자리를 비우니 도모할 시간은 있었다. 어느 날 아침, 키가 제일 큰 내가 우페를 손으로 받쳐서 내 어깨 위에 올렸다. 그는 손을 짚고 일어서더니 벽에 몸을 지탱하며, 주머니를 뒤져 몰래 가지고 나온 부엌칼을 꺼냈다. 그는 1분 만에 꽤 큰 구멍을 냈다.

우리 중 하나가 벽 바로 옆에 난 그 구멍으로 빠져나가서 교도소장의 정원으로 뛰어내린 다음 잽싸게 도망갈 생각이었다. 그리고 바깥에서 연락을 취하고 우리가 숨을 곳을 만들어 주는 것이다. 불행하게도 다음 날 간수 하나가 마당을 걷다가 위를 올려다보고 그물에 난 구멍을 알아차렸다.

간수 없는 운동 시간은 그렇게 끝이 났다. B안을 택할 수밖에.

우리의 최종 목적지는 스웨덴이었다. 나치는 무슨 이유에선가 스웨덴을 중립국으로 내버려 두었다. 그곳에 도착할 수만 있다면 안전하다는 뜻이다. 나치가 마음을 바꾸지만 않는다면. 코펜하겐 근방의 덴마크 해변 어느 지점에서는 스웨덴이 아주 잘 보인다. 보트로 금방 갈 수 있는 거리다. 물론 경비가 삼엄한 피오르를 지나서 스웨덴 바다까지 또다시 여섯 시간 내지 여덟 시간을 가야 하는 올보르에서는 좀 더 어렵겠

중립국 스웨덴

밤이면 검은 천으로 창을 가리고 거리를 푸른 등으로 밝혀 등화관제를 한 덴마크와 노르웨이와는 달리, 옆 나라 스웨덴은 빛의 축제를 연 듯 보였다. 스웨덴은 공식적으로 중립국 입장을 취했다. 어느 편도 들지 않는다는 뜻이다. 스웨덴은 양쪽과 다 잘 지냈다. 독일군 전체 무기 생산이 스웨덴 철광석에 의존하고 있었는데, 스웨덴은 이를 노르웨이 항구들과 보스니아 만을 통해 독일로 수출했다.

다른 한편으로 스웨덴은 전쟁 망명자를 받아들여 독일의 뜻을 거슬렀는데, 대부분 1943년 10월, 독일의 일제 검거 직전에 피신한 덴마크 유대인이었다. 스웨덴이 처칠 클럽의 피난 목적지가 된 것도 논리적으로 당연한 일이었다.

지만. 어느 쪽이든 위험을 무릅쓰고 배로 건네줄 선장을 찾는 게 문제다. 지하로 접촉해야 할 테고, 지금으로서는 우리가 가지지 못한 돈도 필요할 것이다.

우리 계획은 올보르에서 32킬로미터쯤 떨어진 저 유명한 팅베크 석회석 동굴에 숨는 거였다. 어느 사업가가 그곳에서 나는 백악을 채굴하기 위해 동굴 일부를 사들였지만, 그래도 구석구석 며칠간 숨어 있을 곳은 많았다. 이웃이라고는 낮이면 천장에 매달려 있다가 저녁쯤에 시끄럽게 떼 지어 쏟아져 나갈 박쥐뿐이었다. 최소한 박쥐들처럼 우리도 자유롭게 지낼 수 있다.

외부에 도움을 요청하기 위해 여동생 게르트루드를 통해 우리 메시지를 뵈르게의 형 프레벤에게 건네기로 했다. 그는 옌스 형의 반 친구로, 옷을 잘 차려입고 큰소리를 뻥뻥 치는 타입인데, 옌스를 거듭 설득해서 사보타주 활동을 그만두게 하려고 했다. 프레벤은 처칠 클럽의 첫 모임에 왔으나 다시는 참석하지 않았다. 아마도 제 동생이 나와 옌스와 손을 잡게 된 것이 두려웠던 모양이다. 마치 우리가 불쌍하고 죄 없는 뵈르게를 꼬드기기라도 한 것처럼. 그래도 예전에 그가 우릴 도운 적이 있으니, 이번에도 믿을 수 있을 거라 생각했다.

어느 면회일에 우리는 탈출 계획을 적은 편지를 게르트루드에게 주면서 프레벤에게 전해 달라고 했다. 프레벤에게 동봉한 옌스의 편지를 광산 주인에게 보내 우리가 다른 길을 찾을 때까지 광산에 숨어 있도록 허락을 구하게 해 달라는 내용이었다. 편지 맨 마지막에는 "이 편지를 태워 줘."라고 썼다. 프레벤이 광산주의 답장을 받아 게르트루드를 통해 우리에게 전달해 주면 되는 거였다. 그러는 대신 그는 편지를 곧장 자기 부모에게 보였다. 그들은 격노했다. 게르트루드는 곧 프레벤의 답장을 가지고 왔는데, 내용은 대충 이랬다. "너희는 미쳤어. 이런 바보짓에는 끼지 않겠어. 이런 탈옥 계획을 계속 꿈꾼다면 너희를 살리기 위해서라도 내가 경찰에 가서 이야기하는 수밖에 없어. 적당할 때, 다른 길이 있는지 생각해 볼게. 꼼짝 말고 있어."

하지만 우린 "꼼짝 말고 있"을 수 없었다. 당연하잖아?

1942년 7월 17일 아침, 크누드와 다른 소년들은 짤랑거리는 열쇠소리와 "옷 입어!"라고 외치는 거친 명령에 잠을 깼다.

크누드 페데르센: 그들은 감방 문 밖에 우리 옷 중에서 가장 좋은 것을 꺼내 놓았다. 그것이 뜻하는 바는 하나였다. 평결이 내려진 것이다. 지역 교도소에서 9주를 보낸 끝에, 이제 우리는 우리에게 닥친 운명을 알게 되었다. 처형당할까? 독일에 넘겨질까? 풀려날까? 우리가 덴마크에서 형을 치를 수 있도록 덴마크와 독일이 모종의 협약을 맺었을까? 이제 곧 알게 될 것이다.

승합차로 인도된 뒤, 우리는 법원으로 향했다. 차창을 통해 이파리로 가득한 나무와 여름옷을 입고 그늘에 선 여자들, 와이셔츠만 걸친 남자들을 보았다. 길모퉁이 가판에서 파는 따끈한 페이스트리 빵의 아름다운 향기를 들이마셨다. 병사들을 가득 태운 독일 차량이 전방을 향해 덜커덕거리며 가고 있었다.

간수들이 우리를 법정으로 데려갔다. 우리 운명이 어찌될지 아무 생각도 떠오르지 않았다. 내가 한 일에 후회는 없었다. 붙잡힌 것만 빼면. 친구들도 과연 같은 마음일지 알 수 없었다. 우리는 애국자였다. 우리의 적은 조국을 앗아 간 독일과, 그들 편에 서서 그런 일이 벌어지게 만든 덴마크인들이었다. 우리의 영웅은 여전히 용감하게 싸우고 있는 노르웨이인들과, 수적으로 밀리면서도 나치의 쉼 없는 공습으로부터 자기네 나라를 용맹하게 지키고 있는 영국 조종사들이었다. 우리는 전쟁 중이었고, 나는 그저 붙잡힌 군인일 뿐이다. 어떤 결과에 대해서도 마음의 준비가 돼 있었다.

법정은 아침 열기로 후끈했다. 독일 측 감시인은 제복을 차려입고 무표정한 얼굴로 자기 자리에 앉아 노트를 펼쳐 놓고 있었다. 안데르센 판사가 노란 서류를 손에 든 채 자리에서 일어나 우리에게 판사석으로 다가오라고 했다. 검사와 변호사도 선 채로 올라왔다. 판사는 우리 이름과 기소 항목을 소리 내어 읽었다. 고의적 재산 파손. 방화. 독일군 소유의 무기 탈취. 그는 우리 모두 유죄라고 말했다. 우리는 오덴세 남동쪽으로 320킬로미터쯤 떨어진 성인 교도소인 뉘보르 주립 교도소에 수감되어 형을 살게 될 거라고 했다. 우리가 언제 이송될지는 정확하게 말하지 않았다.

우리는 나이와 죄목 건수에 따라 각각 다른 형을 언도받았다. 심사

표는 다음과 같았다.

크누드 페데르센: 3년, 23건

엔스 페데르센: 3년, 8건(하지만 나보다 나이가 많기 때문에 나와 똑같은 형을 받았다.)

우페 다르케트: 2년 6개월, 6건

에이길 아스트루프 프레데릭센: 2년, 8건

모겐스 피엘레루프: 2년, 8건

헬게 밀로: 1년 6개월, 9건

모겐스 톰센: 1년 6개월, 4건

브뢰네르슬레브 출신의 나이 많은 세 동료는 이십대의 성인이었기 때문에 더 무거운 형을 언도받았다. 다음과 같았다.

크누드 호른보: 5년, 1건(우리에게 포탄을 제공한 죄)

카이 호울베르: 5년, 1건(동일)

알프 호울베르: 4년 6개월, 4건

또한 우리는 재판 비용도 지불해야 했는데, '총명한' 우리 변호사 그룬발의 변호 비용 같은 거였다. 그리고 나와 엔스, 우페, 알프에겐 우리가 파괴한 독일군 기물에 대한 모든 비용을 갚으라고 했다. 청구액은 올보르 신문에 머리기사로 실린 처칠 클럽의 판결문 내용. "일곱 학생이 독일 국방군에 대한 사보타주로 징역형 / 올보르에서의 파괴, 방화, 무기 절도로 3~5년 형 언도 / 소년들의 나이는 15~17세, 성인 세 사람도 수감"

총 186만 크로네 혹은 12,538라이히스마르크였다.(오늘날로 치면 약 40만 달러.) 까짓것, 아침에 우편으로 수표 보내 드릴게.

덴마크 법에 따르면, 우리는 형량의 3분의 2를 채운 후에 가석방을 신청할 자격이 있었다. 나와 옌스의 경우에는 2년 1개월이었다. 안데르센 판사가 의사봉을 두드리고 재판을 마치는 순간, 그룬발이 팔을 흔들며 우리에게 다가와 불그레한 얼굴을 들이밀고 소리 질렀다.

"이제 후회하냐? 이젠 후회하느냐고! 분명 그렇겠지!"

법정을 떠나려는데 안데르센 판사가 내 이름을 부르더니 다가오라고 손짓했다. 그의 눈에는 눈물이 그렁그렁했고, 말할 때 목소리도 잠겨 있었다.

"네가 탈옥하려고 했다는 이야길 들었다. 난 해 줄 수 있는 걸 다 했어. 하나만 약속해 다오, 크누드. 다시는 그러지 않겠다고 말이야."

형을 언도받은 직후, 가족 면회일이 찾아왔다. 많은 이들이 몰렸는데, 이제 앞으로 오랫동안 서로를 보지 못할 테니 당연한 일이었다. 교도소 당국은 소년들 전체를 한 무리로 따로 떼어 교도소 제일 앞방에서 만나게 했다. 크리스티네 빵집에서는 크림 케이크를 보내왔다. 친척들이 음식, 담배, 읽을 것들을 가져왔다. 교도소 안이긴 했어도 축제 같은 분위기였다.

크누드 페데르센: 죄수들과 가족들이 서로 포옹하던 어느 순간, 알프의 남동생 타게Tage가 알프에게 잡지 한 권을 슬쩍 건넸다. 그 안에는 10센티미터쯤 되는 쇠톱 톱날이 끼어 있었다. 간수가 잡지를 보자고 할 때쯤 알프는 이미 날카롭고 잘 휘는 톱날을 상의 주머니에 낸 구멍 속으로 숨긴 뒤였다. 지난주에 타게가 무기를 가져다주겠다고 했을 때 미리 뚫어 놓은 거였다. 작별 인사를 한 뒤, 그는 무사히 감방으로 돌아왔다. 우리에게 또 다른 기회가 생겼다!

감방 동료인 옌스와 알프는 그날 오후 당장 일에 착수했다. 얇은 검은색 톱을 앞뒤로 움직여 단단한 금속 창살을 잘라 내자니 시간도 오래 걸리고 소리도 많이 났다. 밤에는 취침 시간이 엄격했고 소리를 내면 안 되기 때문에 낮에만 작업할 수 있었다. 나는 옆방에서 그들을 위해 가능한 한 큰 소리를 냈다. 숟가락과 철제 케이크 상자를 두드리며 오래도록 즉흥 연주를 했다. 처칠 클럽 단원들은 감방 창살 너머로 우리가 아는 노래를 전부 불렀다. 히틀러와 그의 심복들에 관한 갖가지 노래였다. 하나는 이랬다.

먼저 늙은 괴링의
살찐 종아리를 붙잡고
다음엔 괴벨스를 쓰러뜨리리
대충이란 우리 사전에 없다
히틀러를 밧줄로 매달고
그 옆에는 리벤트로프를
보라, 한 줄로 매달린 저 바보 같은
하나, 둘, 셋, 네 마리의 나치 돼지들을

언제인지는 몰라도 이송일이 곧 다가올 예정이었기 때문에 옌스와 알프는 자유를 위해 미친 듯이 작업했다. 우리가 언제 옮겨 갈지 알 길이 없었다. 며칠 후? 몇 주 후? 몇 달 후? 우리를 실어 갈 버스가 오기 전에 여길 뜨고 싶다는 마음뿐이었다.

감방 창문 한가운데 창살을 잘라 내는 게 쉽지 않았다. 그리고 창살이 사라진 걸 아무도 눈치채지 못하게 낮 동안 그 자리에 뭔가를 채워 놓아야만 했다. 옌스가 천재적인 기술을 발휘해 창살 자리를 메울 가짜 창살을 만들었는데, 창살에 꼭 들어맞도록 끝에 나무 핀이 달려 있

킹 한스 가데스 교도소 지붕. 오른쪽에 보이는 창살 박힌 창문에 옌스와 알프가 가짜 창살을 바꿔 달았다.

었다. 주간 검사 때 간수가 창살을 당기면 끄덕도 안 하지만 그걸 뒤로 밀면—그럴 일은 거의 없는데—쉽게 빠진다. 진짜 끝내주는 장치였다. 낮에는 창살을 그대로 끼워 두었다가 밤이면 옌스와 알프가 창살 밖으로 드나들 수 있었다. 이렇게 하면 밤에는 사보타주 활동도 하고 우리 전체가 추적당하지 않고 탈출할 길도 찾을 수 있다.

9월 초쯤 우리는 날씬한 소년 하나가 비집고 나갈 수 있을 만큼 가운데 창살을 잘라냈다. 하지만 나무 핀 부분의 색이 너무 밝아 다른 창살들 사이에서 튀어 보였다. 그래서 운동 시간에 막대기로 창문 하나를 박살 냈다. 다음 날 간수가 부서진 창틀을 갈아 끼운 뒤 판유리 틈에 바른 누수 방지제가 아직 덜 말랐을 때 그걸 긁어 와서 창살에 발랐다. 갖고 있던 검은 잉크도 함께 발랐더니 감쪽같았다!

그러고 나서 이 작업이 완성되자마자, 우리가 채 도망갈 기회를 잡기도 전에 또다시 열쇠가 쩔그렁거리면서 감방 문이 열렸다. 간수가 일어나서 옷을 입으라고 했다. 주위를 둘러보니 아직도 칠흑같이 어두웠다. 무슨 일일까?

그 9월의 새벽 5시, 크누드와 다른 소년들은 수갑을 차고 각각 한 사람씩 간수의 감시하에 뉘보르 주립 교도소로 가는 버스에 올랐다. 덴마크 당국은 성난 올보르 시민들이 소년들을 위해 시위를 벌이지 않도록 그들을 한밤중에 몰래 데려갔다. 버스에는 성당 학교의 여섯 소년과 우페뿐이었다. 호울베르 형제와 크누드 호른보는 뒤에 남았다. 친구들과 가족들을 남겨 둔 채, 소년들은 아침 첫 햇살을 받으며 음울하고 먼 곳을 향해 덜컹덜컹 나아갔다. 정오가 되자 버스가 고속도로를 벗어났고, 소년들은 그들이 머물 새집을 처음으로 언뜻 보았다.

처칠 클럽의 일원으로서 거의 1년 동안, 소년들은 잽싸게 공격을 가하고 위험을 재빨리 벗어나 안전한 곳에 다다르면 당국을 비웃는 생활을 해 왔다. 하지만 뉘보르 교도소가 그들에게 말하고 있었다. 그들의 패가 이제 다 떨어졌다고.

가짜 창살이 끼워진 킹 한스 가데스 교도소 창문

14
또 한 번의 일격?

1942년 10월. 덴마크 경찰과 교도소 당국은 올보르에 있는 독일군 소유의 자동차에 새로 공격이 가해진 것을 알고 곤혹스러워했다. 독일 로드스터 한 대가 마치 해안에 밀려온 고래처럼 한쪽으로 뒤집힌 채 피오르에서 발견되었다. 수사관은 누군가가 열쇠 없이 시동을 걸어 항구 쪽으로 전속력으로 몰고 간 뒤에 차가 미사일처럼 부두로 떨어지기 직전에 탈출한 게 틀림없다고 결론 내렸다. 독일군이 또다시 들고일어났다. 그들은 헛기침하며 말했다.

"당장 해결하시오. 안 그러면 우리가 할 테니."

모든 게 출발점으로 돌아온 것 같았다. 하지만 누가 이런 짓을 저지를 수 있단 말인가. 성당 학교의 처칠 클럽 소년들은 모두 뉘보르 주립 교도소로 이송됐다. 성인 수감자 알프, 카이, 크누드 호른보는 여전히 킹 한스 가데스 교도소에 갇혀 있었다. 사실 그들은 이제 한방을 썼다.

간수들은 감시 구멍으로 세 청년이 책 읽고 수다 떨고 모형 비행기를 만들고 체스 두는 모습을 지켜보았다. 그들은 하품을 자주 하고 낮잠을 많이 자는 것 같았지만, 감옥 생활은 원래 지루하기 짝이 없는 법이다.

세 감방 친구는 밤이 되어 불이 꺼지면 감옥의 모든 이들처럼 잠자리에 들었다. 아니, 적어도 그래 보였다. 그런데 공교롭게도 그들이 수감된 방은 가짜 창살이 있는 방이었다. 감옥에 어둠과 고요가 내리면 세 사람은 고양이처럼 기민해졌다. 자리에서 일어나 침대 뒤에서 셔츠와 바지를 찾아 재빨리 걸쳤다. 알프는 밤마다 종이 한 장을 감방 한가운데 있는 의자 위에 놔뒀다. 종이에는 그의 부모 집 전화번호와 덴마크인 간수에게 남긴 짧은 말이 쓰여 있었다. "부디 경찰에 전화하지 말고 이 번호로 연락 주세요. 그러면 즉시 돌아오겠습니다."

보통 알프가 제일 먼저 나갔다. 의자를 딛고 올라서서 가짜 창살을 빼낸 다음, 틈으로 비집고 나가 창살 앞 차양 밑에 몸을 숨겼다. 그다음은 좀 통통한 크누드 호른보였다. 첫 시도 때에는 중간에 몸이 끼고 말았다. 그는 두려움이나 아픔 때문에 소리를 내지 않으려고 애썼다. 알프가 밖에서 잡아당기고 카이가 뒤에서 민 덕분에 빠져나오긴 했으나, 그러다가 크누드는 팔을 삐었다. 카이는 쉽게 빠져 나왔다.

나머지는 간단했다. 야외 감옥의 그물 위로 올라간 뒤 교도소 과수원으로 뛰어내렸다. 그런 다음엔 빽빽한 관목 숲 뒤에 숨어서 문제가 없음이 분명해지면 자유인처럼 거리로 나섰다.

호울베르 형제와 크누드 호른보는 연달아 19일을 밤마다 탈출했다.

감옥 마당에서 브뢰네르슬레브의 세 청년 카이(8번), 알프(9번), 크누드 호른보(0번)를 찍은 사진

감옥을 빠져나가는 데 너무 익숙해진 나머지, 하루는 거리에 나왔더니 당혹스럽게도 대낮이었다. 그들은 영화관으로 숨어들어 자리에 앉았다. 어둠에 눈이 익숙해진 후 둘러보니, 독일 전쟁 영웅들의 소식을 다룬 주간 영화 뉴스를 즐기는 독일 군인들에게 둘러싸여 있었다.

도망쳐 나온 죄수들의 밤 일상은 대체로 비슷했다. 먼저 그들은 처칠 클럽이 하던 일을 이어 갔다. 보초 없는 독일 로드스터의 계기판을 뜯고 불을 놓았다. 일이 끝나면 호울베르 가의 집으로 걸어가 형제의 부모와 함께 저녁을 먹었다. 세 청년을 현관에서 맞은 첫날, 부모는 경악했지만 곧 즐겁게 모의에 동참했다. 청년들은 이제 림피오렌에서 출발해 스웨덴으로 탈출할 배를 알아보기 시작했다.

자유를 누린 열아홉 번째 밤, 청년들은 호울베르 가의 부모에게 인사를 하고 교도소로 발길을 돌렸다. 걸으면서 참 보람찬 밤이라는 데 모두 동의했다. 가는 길에 멋진 독일 로드스터 한 대를 발견하고는 합선시켜 못 쓰게 만들었고, 좋은 음식과 흥겨운 노래를 곁들인 잔치 같은 저녁 식사도 즐겼다. 열린 문으로 친구들이 드나들었다. 다 함께 노르웨이와 덴마크 깃발을 흔들었다. 제일 멋진 건 어느 배의 선장이 그들을 스웨덴으로 데려가는 일에 흥미를 보이는 것 같다는 호울베르 씨의 얘기였다. 조만간 언제든 가능할 거라고 했다.

싸늘한 새벽 공기를 마시며 걷는데, 올보르의 고요한 새벽을 뒤흔드는 사이렌이 울렸다. 청년들은 그 자리에 얼어붙었다. 아무도 없는 새벽 4시라서 세 사람은 의심스러워 보일 수밖에 없었다. 사이렌이 울리는 동안 생각이 빠르게 흘러갔다. 어떡하지? 집으로 뛸까? 아님 교도소로? 어디든 너무 멀었다. 공습경보가 울리면 모두 대피소로 가야 하는데, 거기선 늘 신분증을 요구한다. 그들의 신분증은 감옥에 있다. 셋은 의견을 교환하고 대책을 세우려 근처 건물 통로로 숨어들었다. 경관 둘이 그들의 움직임을 발견했다. 그중 한 사람이 후미진 곳을 손전등으로 비추자 토끼처럼 빨개진 여섯 개의 눈이 있었다.

"신분증 좀 보여 주시죠?"

그리하여 그들 모두는 경찰서로 향했고, 말문이 막힌 경관들은 이 탈옥 전문가들을 알아보았지만 더는 그들을 보호해 줄 수 없었다. 독일군이 그들을 체포하고 그 가족들을 끌고 왔다. 심문자들은 독일 차량 파손 문제의 해답을 재빨리 찾아냈다. 알프와 카이 호울베르, 그리고 크누드 호른보는 독일 군사재판에서 신속하게 유죄 판결을 받고 독일로 이송되었다. 각각 10년 이상의 형이 언도되었다.

덴마크 당국은 소리 높여 항의했다. 덴마크인이 덴마크 땅에서 저지른 범죄이니 덴마크에서 재판해야 한다고, 그것이 협정 내용이라고. 당국은 세 청년을 돌려보내라고 주장했지만 독일은 꿈쩍도 하지 않았다. 오히려 가짜 창살 문제로 덴마크 경찰을 고발했다. 수감자들 단독으로는 그런 짓을 저지르지 못했을 거라는 이유였다. 창살을 자르면 큰 소리가 나니, 도움이 필요했을 거라는 주장이었다.

어느 쪽이든 처칠 클럽은 빠져 있는 문제였다. 10개월 동안 벽에 파란색 페인트를 칠하고 표지판을 뒤바꾸고 무기를 훔치고 중요한 독일 자산을 파괴하면서, 덴마크 최초의 점령 저항군은 그들의 '수호자'를 끈질기게 괴롭혔고 많은 덴마크인의 용기를 일깨웠다. 하지만 브뢰네르슬레브의 세 청년이 독일로 끌려가고, 어린 일곱 소년은 뉘보르에 감금당하면서, 적어도 한동안 처칠 클럽은 잊혀 가는 듯 보였다.

1943년, 덴마크 감옥을 지키고 선 독일 병사들

15
죄수 번호 28번

'뉘보르 스타츠펭셀'Nyborg Statsfængsel이라는 이름으로 알려진 이 요새는 붉은 벽돌담과 철조망의 미로 속에 성인 남성 800명을 수용하고 있었다. 많은 재소자들이 강력 범죄를 저지르고 이곳에 들어왔다. 감방 하나에 네 사람을 몰아넣을 때도 있었다. 무장한 제복 군인들이 장벽 위 통로를 오가며 감시했다.

1942년 9월 어느 날 정오, 수갑을 찬 십대 소년 일곱 명이 버스에서 쏟아져 나와 불편하게 선 채로 서류 작업이 끝나기를 기다렸다. 버스 기사가 행운을 비는 뜻으로 손을 흔들며 올보르로 떠나자, 소년들은 금단추 달린 검은 제복 차림의 간수들에게 인도되었다. 새 재소자들은 천장이 높은 본채 건물로 향했다. 한 소년이 불안한 마음에 농담을 내뱉자, 간수의 고함이 돌아왔다.

"잡담 금지!"

소년들은 따로 떨어졌다. 다들 주머니를 비워야 했다. 소지품은 모두 압수되었고 심지어 안경과 가족사진도 빼앗겼다. 그들은 벌거벗은 채로 몸을 숙이고 직장直腸 검사를 받았다.

소년들은 죄수복을 받았다. 바지는 길고, 윗도리에는 단추가 아래까지 줄줄이 달렸다. 크누드 페데르센은 늘 그랬듯 팔다리가 껑충하니 옷 밖으로 나왔다. 다음은 이발사 차례였다. 열심히 다듬은 소년들의 머리칼이 바리캉에 다발로 잘려 나가 바닥으로 흩어졌다. "머리칼을 잃었을 때, 나의 큰 부분이 떨어져 나간 것 같았다." 에이길 아스트루프 프레데릭센은 훗날 회고했다.

소년들은 청소년 수감자 구역인 K 구역으로 향했다. 그곳엔 오직 그들뿐이었다. 각각 방 번호와 죄수 번호를 배정받았다. 크누드 페데르센은 수감자 28번으로, 1번 방이었다. 엔스 페데르센은 수감자 30번으로, 2번 방에 배정되었다. 그 뒤로 간수들은 "30번 일어나!" 하면서 그들을 이름이 아닌 죄수 번호로 불렀다.

각각의 좁은 방에는 철제 침대 하나에 탁자와 의자가 하나씩 있었다. 흙으로 만든 토기 요강도 받았는데, 재소자가 직접 비워야 했다. 휴지는 매일 두 장씩 나눠 줬다. 킹 한스 가데스 교도소처럼 굳건한 네 벽으로 둘러싸인 방이었다. 출입문은 손잡이가 없어서 안쪽에서는 열 수 없었는데, 감시 구멍이 나 있었다. 창살 박힌 작은 창문 바깥은 곧바로 덴마크인 감시병이 지키는 높은 빨간색 벽돌담이었다. "나는 그 감시병을 바라보곤 했다." 크누드 페데르센은 회고했다. "그는 너무나 지겨워했고, 가끔은 손가락으로 담의 벽돌 수를 헤아리곤 했다. 그가 할 일은 그것뿐이었다."

수많은 규칙이 존재했고 가차 없이 적용되었다. 부모들은 3개월에 한 번만 면회할 수 있었고, 겨우 20분밖에 만날 수 없었다. 간수들이 가족 간의 대화를 감시했다. 교도소장이 나타나면 뻣뻣이 차려 자세를 하고 경례를 해야 했다. 짧은 아침 산책 시간이 오면, 벽돌담에 코를 대고 팔을 옆구리에 붙인 채 줄지어 섰다. 명령이 내려지면 3미터씩 떨어져 걸었고, 절대 이야기를 나눌 수 없었다. 웃었다가는 밥을 굶을 수도 있었다.

하루 세 끼 빈약하기 짝이 없는 식사가 나왔다. 아침은 귀리 빵 세 조각이었다. 점심은 죽이었다. 저녁에는 데운 음식을 조금 주었다. 소년들은 급격하게 살이 빠졌다. 에이길은 나중에 이렇게 썼다. "한번은 너무 배가 고파서 간수에게 조금만 더 주면 안 되느냐고 물었다. 그가 으르렁대며 대답하기를, 우리는 비만해지면 안 된다고 했다. 그러더니 내 식사를 가져가 버렸다. 나는 첫 달인가 둘째 달 만에 20킬로그램이 빠졌다."

그들은 가혹한 일상을 되풀이했다. 6시에 땡그랑 하고 종이 울리면, 눈을 뜨고 잽싸게 일어나야 했다. 용변을 보고, 바닥을 청소하고, 아침을 허겁지겁 먹었다. 7시부터 작업이 시작되었다. 감방에서 열 시간 동안 일했는데, 교도소 인쇄소에서 제작한 엽서 한 무더기를 스물다섯 장 묶음으로 나누는 일이었다. 작업은 저녁 6시까지 계속되었다. 2주에 한 번 뜨거운 물로 샤워를 했다. 일요일에는 희망자에 한해 교회에 갈 수 있었다. 집에 있을 때는 수도원 다락에서 기관총 사격 연습을 하느라 페데르센 목사의 예배를 빼먹곤 했지만, 여기서는 지루한 감방을 벗어날 수 있는 일이라면 무엇이든 했다. 일곱 명의 소년은 칸이 나뉜 의자에 앉았는데, 칸막이 때문에 목사의 모습은 보여도 서로의 모습은 보이지 않았다.

소년들은 각자의 방식으로 수감 생활에 대처했다. 에이길은 절망에 빠지지 않기 위해 애썼다. 그는 나중에 이렇게 썼다. "친구들이 보고 싶었다. 외로움이 정말 컸다. 독일군과의 싸움에 참여함으로써 옳은 일을 한 거라고 스스로 믿으려고 했다. 하지만 외로운 시간이 계속되자 서서히 의심이 찾아들었다. 나 자신 말고는 대화 상대도 없었다. 감방 불은 저녁 9시면 꺼졌다. 수많은 시간, 나는 침대에 누워 포기하고 싶은 마음, 면도날을 가져다가 손목을 그어 심장을 멈추게 하고 싶은 유혹과 싸웠다. 4시까지는 발각되지 않을 거야, 라고 생각하면서."

그와 달리 우페는 가장 암울한 상황 속에서도 활기찬 내면을 잃지 않았다. 다들 침울한 마음으로 침대에 앉아 눈발이 휘날리는 어슴푸레한 창밖을 멍하니 바라볼 때도 우페의 명랑한 노랫소리가 들려왔다. "내가 사랑하는 사람들이 사는 창가에는 꽃이 피어난다네."

크누드 페데르센은 자살할 생각은 하지 않았지만, 너무나 분노에 차서 노래를 부를 기분도 아니었다.

크누드 페데르센: 나는 적응하지 못했다. 덴마크인 간수들이 독일 부역자이자 배신자로 보였다. 적의 손아귀에 떨어진 거였다. 나는 뉘보르에서 계속해서 벌을 받았다. 대개는 내 물건을 압수해 갔다. 내가 그린 그림들과 교도소 도서관에서 빌린 책들 말이다. 친구들과 만나 이야기를 나눌 수 있는 저녁 8시에서 9시까지의 '행복한 시간'을 한 달 동안 금지당하기도 했다. 한번은 간수가 안 볼 때 그의 등 뒤로 물을 한 양동이 퍼부은 적도 있다. 그는 그 일로 나를 절대 용서하지 않았다. 나는 내 회중시계를 바닥에 내동댕이쳐서 부쉈다. 그들은 시계를 수리하고 나를 5일 동안 일하지 못하게 했다. 나는 감방 청소를 안 해서, 명령을 따르지 않아서, 입 닥치고 있으라고 할 때 친구들에게 말을 걸어서 벌을 받았다. 나는 손쉬운 먹잇감이었다. 키가 커서 누구 뒤에 숨을 수도 없었다.

그들은 수감자의 정체성을 박탈하고 그들의 마음을 가지고 놀았다. 키가 작고 뚱뚱하고 얼굴색이 붉은 간수 하나가 있었는데, 나를 정말로 미워했다. 내 감방에 대고 열쇠를 쩔그렁댔는데, 그 소리 때문에 미칠 지경이었다. 그런 짓을 하는 그자는 자유의 몸이라는 사실이 뼈저리게 느껴졌기 때문이다. 게다가 그는 감시 구멍으로 엿볼 수도 있다. 나는 늘 누군가의 눈이 나를 엿보는 기분을 느꼈다.

어느 날 밤, 침대에 누워 있다가 쥐 한 마리가 바닥에서 달빛을 받고 있는 걸 보았다. 쥐는 가만히 앉아서 나를 쳐다보고 있었다. 나는 겁에 질렸다. 침대에서 펄쩍 뛰어오르며 소리를 질렀다. 간수들이 달려왔다. 무슨 일이 벌어졌는지 알게 된 그들은 웃음을 터뜨렸다. 나는 고함을 질렀다.

"당신들은 총이 있으니까 그렇게 웃을 수 있는 거야. 안전하니까!"

그들은 문을 쾅 닫고 나가서 감시 구멍으로 불행한 내 꼴을 엿보려고 머리를 맞댔다.

"그 쥐가 너를 잡아먹을 거야, 28번!"

뚱뚱한 간수가 낄낄거렸다. 쥐는 난방 파이프 주위를 살금살금 맴돌더니 밤새 그 안에 자리를 잡으려는 듯 보였는데, 그 소리가 전부 다 들렸다. 소리를 듣지 않으려고 침대 시트로 머리를 둘둘 감쌌지만 소용없었다. 다음 날 아침, 우페가 들어와서 그 불쌍한 짐승을 붙잡아 치워 버렸다.

그레테를 향한 나의 망상도 심해져 갔다. 이제 그녀는 내 생각과 꿈을 지배하는 여신이나 다름없었다. 우리는 2주에 한 번, 네 장이 넘지 않는 분량으로 집에 편지를 쓸 수 있었다. 가끔은 검열이 너무 심해서, 거의 모든 글자가 시커멓게 지워졌다. 나는 그 네 장 전체에 그레테 이야기를 쓰고 싶었다. 부모님은 내가 건강한지 궁금해할 테지만. 그레테 사진도 얻고 싶었다. 여동생 애기로는 그레테가 안부 인사를 보낸다고 했지만, 내가 원한 건 그레테의 사진이었다. 결국 근심에 찬 부모님이 그 애 사진을 얻는 데 성공했다. 사진 속 그레테는 강아지 다섯 마리와 함께 앉아 있었다. 그것이 내가 가진 전부였다.

그레테와 함께한 낭만적인 꿈속 산책을 그린 크누드의 그림(감옥에서 그림)

소년들은 전쟁 소식에 굶주렸다. 영국이 독일을 이기고 있기를 바라면서. 하지만 가족 면회 시간에는 정치 이야기를 할 수 없었다. 간수들이 가까운 곳에서 이야기를 듣곤 했다. 교도소에는 일주일에 한 번, '가까운 곳, 먼 곳'이라는 이름이 붙은 주간신문이 반입됐는데, 명랑한 가족 이야기와 스포츠 소식 한 면과 함께 나치 입장에서 긍정적인 전쟁 소식들을 담고 있었다. 소년들은 그 신문을 읽고 또 읽었다. 가족들은 소식을 전하려 했지만, 간수의 감시 아래 전할 수 있는 건 아주 조금뿐이었다.

그래도 정보는 새어 들게 마련이었다. 어느 날 밤, 취침 시간에 간수가 소년들에게 신발을 벗어 문밖으로 내놓으라고 했다. 왜 이러지? 도무지 이해가 안 되는 일이었다. 가족들이 면회 시간에 소곤소곤 이야

비 빌 빈데 Vi Vil Vinde(우리는 이긴다)

1943년, 처칠 클럽이 미친 영향력은 감옥 밖에서 날이 갈수록 커져만 갔다. 1월과 7월, 영국 공군이 공중 살포한 전단에는 처칠 클럽의 이야기가 가득했다. 두 번째 전단은 "올보르 소년들의 행동은 다른 나라에서 일어난 가장 뛰어난 사례에 비견할 만하다." 라고 단언하고 있었다. 4월에는 미국 라디오 시리즈 「마치 오브 타임」The March of Time에서 올보르 소년들의 사보타주를 드라마로 각색하여 방송했다. 이 라디오 방송극에서 판사는 판결문 낭독 끝에 울먹이며 이렇게 말한다.

"소년들이여, 용기를 잃지 마라! 너희는 형기를 다 채우지 않고 풀려날 것이다. 덴마크와 전 세계에 곧 밝은 날이 찾아올 테니까! 조금만 참아라, 너희는 오래 기다리지 않을 거다."

덴마크 저항운동가들을 격려하기 위해 영국 공군에서 제작한 전단

기해 주었다. 올보르에 남아 있던 호울베르 형제와 크누드 호른보가 전에 알프와 옌스가 만들어 둔 가짜 창살이 달린 감방을 함께 쓰게 됐다고 했다. 그들은 밤마다 교도소를 빠져나가서 사보타주를 벌였고 아침이면 감방으로 돌아왔다. 하지만 가짜 창살을 통해 나다니던 어느 날 붙잡혔다고 했다. 어째서 신발을 내놓으라고 한 건지 그제야 이해가 되었다. 뉘보르에서 똑같은 일이 벌어지는 걸 교도소장이 원치 않았던 것이다. 아이들 신발을 수거해, 하고 그는 간수들에게 명령했다. 그런 생각은 꿈도 꾸지 못하게 말이야.

검열에도 불구하고 전쟁 소식은 감옥으로 찾아 들어와, 죄수들 각각의 귀에서 귀로 퍼져 나갔다. 재소자들은 연합군이 북아프리카 엘 알라메인에서 크게 승리했고 러시아 스탈린그라드에서 더 많은 진척을 이루었다는 소식을 전해 들었다. 소식은 가끔 예기치 않은 곳에서 찾아 들기도 했다.

크누드 페데르센: 어느 날 도서관에서 우리보다 몇 달 늦게 수감된 사람을 만났다. 그는 우리가 누구인지 알고 있으며, 뉘보르로 이송됐다는 소식도 알았다고 했다. 그는 2주에 한 번씩 책 수레를 밀며 감방으로 찾아와 읽을 책을 나눠 주었다. 그의 바로 뒤에는 간수가 따라붙었다. 처음 찾아온 날, 그는 내 눈을 들여다보며 특정한 책을 골라 특정한 페이지를 펼쳐 보라고 했다. 거기서 나는 암호를 찾아냈다. 밑줄 친 단어와 글자들을 조합하니, 영국군이 코펜하겐에 있는 부르마이스터 앤드

바인 조선소를 폭격했다는 내용이었다. 1943년의 일이었고, 그와 나는 다시 만나지 못했다. 그는 매우 용감했으며, 그 소식을 알려 준 방식은 진짜 똑똑했다.

처칠 클럽 단원들은 모두 철창에 갇혀 있었지만, 그들은 덴마크 저항운동의 상징이 되었다. 어느 날 그들은 민간인 옷을 입고 본관으로 모이라는 명령을 받았다. 곱슬머리에 온화한 얼굴을 한 낯익은 남자가 제복을 차려입은 채 그들을 기다리고 있었다. 덴마크 법무장관 투네 야콥센Thune Jacobsen이었다. 그는 소년들과 이야기를 나누고 싶고, 그들이 어떻게 지내는지 알고 싶다고 했다. "그의 목소리는 매우 미안해하는 듯 들렸다." 에이길은 회상했다. "그는 우리에게 잘 견뎌 달라고, 덴마크인 전체의 이익을 생각해서 일할 수밖에 없음을 이해해 달라고 했다. 그는 자신이 나치 부역자가 아니라고 했다. 입을 열수록 그는 점점 더

전보 위기

1942년 말. 아돌프 히틀러는 덴마크 국왕 크리스티안 10세에게 72세 생일을 축하하는 따뜻하고 개인적인 전보를 보냈다. 왕은 그저 "매우 감사하오. (서명) 국왕 크리스티안"이라고만 써서 답장을 보냈다. 히틀러는 이를 개인적인 모욕으로 받아들였다. 격분한 총통은 코펜하겐의 대사를 불러들였고, 독일 내 덴마크 영사를 추방했다. 히틀러는 충성스러운 나치이자 게슈타포의 일원인 베르너 베스트를 덴마크에 전권 대사로 파견했다.

아돌프 히틀러

검열로 많은 부분이 가려진 크누드의 편지. 감옥에서 가족들에게 보냈다.

꼴이 우스워졌다. 우리가 보기엔 나치를 돕는 자들 중에서도 그가 중심에 있었기 때문이다."

크누드 페데르센: 투네는 나치 부역자들 중에서도 최악이었다. 그는 덴마크가 독일에 대항해 사보타주를 벌이는 걸 영국이 원치 않기 때문에 우리가 한 일이 소용없다고 말했다. 하지만 우린 그게 거짓말이라는 걸 알았다. 이미 영국이 덴마크 사보타주군을 조직했다는 사실을 우린 알고 있었다. 그는 우리가 이 감옥 안의 다른 죄수들과는 달리 돌아갈 좋은 가정이 있음을 감사히 여겨야 한다고 말했다. 그 말에 구역질이 났다. 그가 돌아간 후, 집으로 보내는 편지에 내가 그의 욕을 하도 많이

써 놔서 간수가 다시 쓰라고 세 번이나 돌려보냈을 정도였다. 결국 나는 편지를 아예 보내지 않았다.

어느 날 밤, 새로운 죄수 한 무리가 뉘보르에 도착했다. 감방에서 감방으로 소식이 퍼졌다. 올보르에서 온 학생들이라고 했다. 그들 조직은 '덴마크 자유 연합'이라고 불렸는데, 우리에게서 영감을 받았고 우리처럼 덴마크 경찰에 붙잡혔다. 그들은 바깥에도 활동하는 이들이 많으며, 저항운동이 점점 더 커지고 있다고 했다. 우리가 들은 최고의 소식이었고 가장 좋은 징후였다.

뉘보르에서 형벌은 세 단계로 나뉜다. 1단계 죄수는 신참으로, 아무런 특권도 가질 수 없다. 교도소 도서관에서 빌릴 수 있는 책은 종교 서적뿐이다. 가족에게도 2주에 딱 한 번만 편지를 받을 수 있다.

2단계는 조금 여유로워진다. 8~9시 사이에 탁구를 치거나 체스를 두러 오락실에 갈 수 있다. 아니면 이 일명 '행복한 시간'을 다른 사람들과 이야기하면서 보낼 수도 있다.

2단계 죄수는 도서관에서 아무 책이나 빌릴 수 있다. 크누드 페데르센은 이때를 괴테, 실러, 호메로스 같은 고전 작가의 작품들을 접할 기회로 삼았다. 2단계 죄수는 자기 마음껏 뭔가를 심을 수 있는 정원의 땅뙈기도 받는다. 에이길은 이곳을 성이 있는 정원으로 만들었다. 옌스는 채소를 길렀다. 우페는 예쁜 돌 정원을 만들었고, 크누드는 뭐든 마구 자라게 내버려 두었다.

2단계와 3단계의 죄수들은 감옥에서 취미 활동도 할 수 있다. 우페는 나무 비행기를 만드는 재료들을 기어이 손에 넣었다. 크누드는 스케치북을 받았다. 그곳에 연극 공연에 쓸 세트 디자인을 그릴 생각이었다. 맨 첫 장에 쓰인 경고문을 발견하기 전까지는.

크누드 페데르센: 이런 글이 쓰여 있었다. "벌거벗은 여자는 그리지 말 것." 나는 스케치북 전체에 벗은 여자 그림을 그렸고, 다음 날 아침에 받은 죽을 이용해 감방 전체에 그림을 붙였다. 그것이 나의 첫 번째 그림 전시회였다. 그 뒤로 두 달 동안 취미 도구를 빼앗겼다. 나는 아주 끔찍한 죄수였다.

1942년 말 어느 날, 키가 훤칠하고 날씬하고 다리가 길며 안경 쓴 남자가 소년들 앞에 나타났다. 그는 후고 보르소에 페테르센Hugo Worsaae Petersen이라고 자기를 소개하며 보르소에 씨라고 부르라고 했다. 소년들이 아직 학교에 다닐 나이이기 때문에, 소년들을 가르치라고 교도소에서 자신을 보냈다고 했다. 교실로 지정된 큰 방에서 수업을 하기로 했다. 첫 번째 과업은 중학 시험을 마치는 거였다. 올보르에서 그들이 쓰던 옛 교과서가 도착했고, 매일 아침 식사 후 한 시간 동안, 가끔은 셋이나 넷씩 무리 지어 공부하기로 했다. 덴마크어, 역사, 독일어, 기하학, 지리를 공부할 예정이었다. 필기시험은 감방에서 치르고, 구술시험은 교실에서 보기로 했다.

가혹한 몇 달이 흐른 뒤, 보르소에 씨의 존재는 한 줄기 시원한 바람과도 같았다. 그는 소년들과 인간 대 인간으로 대화했다. 그는 유명한 시인들이 교도소를 면회하도록 주선했고, 교도소 당국을 설득해 소년들에게 시계, 안경, 그리고 가족사진을 돌려주었다. 심지어 일부 간수로 하여금 소년들을 번호가 아니라 이름으로 부르게 했다.

크누드 페데르센: 보르소에 씨는 미술에 대한 관심을 더 키워 보라며 나를 격려했다. 규칙으로 허용된 양보다 더 많은 미술 잡지를 가져다주었다. 일요일 오후에는 우리에게 헨리크 입센의 희곡을 읽어 주었다. 그는 훌륭한 선생님이었다.

특히나 크리스마스 때가 되자 그는 더욱 친절했는데, 그 의미가 상당히 컸다. 우리가 가족과 떨어져 보내는 첫 크리스마스였기 때문이다. 가족과 친구들 기억이 밀려들었다. 울고 싶었지만 우는 법조차 기억나지 않았다. 한밤중에 크리스마스 노래를 조용히 부르다가 결국 가슴 위로 눈물을 뚝뚝 흘릴 수 있었다. 나는 내가 아는 노래를 전부 부르면서 하루 종일 울었다.

보르소에 씨는 경축일을 기쁘게 맞이하는 날인 크리스마스이브에 특별히 우리가 잘 먹을 수 있도록 신경을 썼다. 우리는 교실로 모여 맛있는 돼지 스테이크와 디저트를 대접받았다. 나는 눈 덮인 언덕을 조각해서 그걸로 교실을 장식했다. 칠판에 눈 쌓인 풍경도 그렸다.

그날 밤 기름진 음식을 하도 많이 먹어서 크리스마스 당일에는 기름기를 좀 빨아들이라고 그들이 우리에게 절인 청어를 먹여야 할 정도였다. 멋진 하루였다. 그다음 날 교실을 청소하고 있는데, 나와 앙숙이었던 그 뚱뚱한 간수가 조용히 지켜보다가 내가 눈 조각을 한쪽으로 치우자 말했다.

"그거 잘 간수해, 28번. 다음번 크리스마스 때 또 꺼내서 써야 할 테니까."

내가 뉘보르에서 1년을 더 보내야 한다는 사실을 잔인하게 상기시키려는 거였다. 굳이 그런 말을 할 필요도 없었는데. 그들은 마치 로봇과도 같았다.

곧이어 새해가 오자, 보르소에 씨는 다른 임무 때문에 뉘보르를 떠나야 한다고 했고, 우리는 무척이나 슬퍼졌다.

1943년 4월이 되자, 가장 짧은 형을 언도받았던 헬게 밀로와 모겐스 톰센이 석방되어 가족의 품으로 돌아갔다. 남은 소년은 이제 다섯 명이었다.

넉 달 후인 1943년 8월 말, 비행기 폭음이 들려오자 소년들은 창문에 달라붙었다. 에이길은 이렇게 적었다. "엄청난 수의 연합군 폭격기가 지나가는 게 보였다! 이제 독일군이 죗값을 치르겠군, 하고 생각했다. 서너 시간 뒤 그들이 다시 돌아가는 게 보였는데, 그 수가 많지는 않았다."

어느 날, 소총을 든 독일 군인들이 교도소로 밀려들어 왔다. 감방에

1943년 8월, 올보르 시민들이 독일 점령군과 싸움을 벌이기 시작했다.

있던 소년들은 무거운 군홧발 소리를 들었지만 무슨 일이 벌어지고 있
는지는 알 수 없었다. K 구역 감방을 따라 소문이 돌았다. 그들을 독일
로 데려가려고 군인들이 온 거다. 아니다, 집에 무기를 숨겨 둔 덴마크
시민들을 체포해서 데려온 거다. 그건 꽤 일리가 있는 말이었다. 오래
전부터 독일군이 덴마크인에게서 압수한 무기를 뉘보르 교도소의 커다
란 다락에 숨겨 두고 있다는 소문이 돌았기 때문이었다.

불안한 마음으로 몇 시간을 기다리니, 간수 하나가 K 구역으로 와
서는 덴마크 통치자들이 명령을 거부해 독일이 정부를 접수했다는 소

식을 알려 주었다. 덴마크 당국이 독일 점령을 더 이상 받아들이지 않기로 한 것이다. 보호국 상태는 이제 끝이었다. 소년들이 창살에 매달려 들은 소리는 독일군이 뉘보르 해변에서 덴마크를 공격하고, 연합군 비행기들이 이에 응수한 소리였다.

"1943년 8월 29일에 내가 겪은 일이 바로 그거였다." 에이길은 이렇게 썼다. "드디어 우리 조국이 일어나 노르웨이처럼 행동한 것이다." 하지만 뉘보르 교도소에 갇힌 소년들에게 이 일은 무엇을 의미했을까? 혹시 잔악한 나치 지도자들의 명령에 따라 독일 감옥으로 보내지는 건 아닐까? 혹시 이 감옥이 게슈타포의 손에 넘어간 건 아닐까? 하지만 그 사건은 뉘보르 교도소에 그리 큰 영향을 미치지 않았다.

크누드 페데르센: 1943년 8월 29일은 덴마크에 있어 일종의 전환점이었는지 몰라도 우리에겐 별다른 변화가 일어나지 않았다. 가장 큰 변화라야, 내 방 창문 앞을 오가던 덴마크인 보초—앞뒤로 왔다 갔다 하며

1943년 8월 29일

그날 처칠 클럽 소년들이 감옥에서 들은 소리는 덴마크 사회에서 일어난 봉기를 반영하는 것이었다. 1943년 봄 내내 독일은 임금 인상을 요구하는 덴마크 노동자들의 시위로 곤란을 겪기 시작했다. 독일이 잔악한 조치로 엄중 대응하자, 덴마크 33개 마을이 조업을 중단했다. 독일은 공공 회합과 야간 회합을 금지하는 명령을 발표했다. 덴마크인들은 협조를 거부했다. 화가 잔뜩 난 독일은 8월 29일 철도역, 발전소, 공장, 그리고 그 밖의 다른 주요 지역—예를 들면 소년들이 수감되어 있던 뉘보르 교도소 같은 곳—에 군대를 보냄으로써 덴마크 정부를 장악했다.

덴마크 유대인 구출 작전

1943년 9월 28일, 어느 독일 외교관이 덴마크 저항운동 지도자들에게 나치가 덴마크의 유대인들을 집단 처형하기 위해 독일 수용소로 보낼 거라는 계획을 비밀리에 알려 왔다. 덴마크인들은 전국적으로 유대인들을 중립국 스웨덴으로 몰래 보내는 작업에 착수한다. 그 비밀 정보를 들은 덴마크 유대인들은 열차나 자동차로 혹은 도보로 도시를 벗어났다. 덴마크의 비유대인 가정들은 유대인들을 스웨덴으로 보낼 수 있을 때까지 집과 병원, 교회에 숨겨 주었다. 2주 동안 어부들은 7,200명의 유대인들과 680명의 비유대인 가족을 스웨덴까지 배로 안전하게 데려다주었다.

처칠 클럽 단원 중 직접 영향을 받은 것은 에이길뿐이었다. 그의 어머니가 유대인이었기에 가족 전체가 큰 시름에 잠겼다. 에이길이 석방된 지 열흘도 채 지나지 않은 상황이었다. 그는 이렇게 회상했다. "교구 목사님이 지하로 숨으라고 충고했으며…… 우리는 집을 떠나 친구 집에 머물렀다. 다행히 독일군이 우리를 잡지 못해서 며칠 뒤 집으로 다시 돌아갔다."

1945년에 제작된 스웨덴 영화에서 1943년 10월 덴마크 유대인 보트 탈출 사건을 재연한 장면

벽돌을 헤아리던 사람—가 헬멧을 쓰고 소총을 들고 전투복을 입은 독일군으로 바뀌었다는 정도였다. 곧 그 역시 덴마크인과 마찬가지로 벽돌 수를 세기 시작했다.

3주 후인 1943년 9월 18일, '교수'라는 별명을 가진 모겐스 피엘레루프와 에이길 아스트루프 프레데릭센이 석방되었다. 몇 달 후엔 우페 다르케트도 작별 인사를 고하며 나갔다. 이제 뉘보르 교도소에 남은 처칠 클럽 단원은 페데르센 형제뿐이었다. 그들은 성인 재소자들과 가까운 다른 구역으로 옮겨졌다.

16
자유의 첫 순간들

1944년 5월 27일, 크누드와 옌스 페데르센은 뉘보르 주립 교도소에서 석방되었다. 석방되기 바로 며칠 전까지 옌스는 감방에서 대학 입학 필기시험을 치렀다. 간수들이 지금 30번 죄수가 아주 힘들고 굉장한 집중력이 필요한 일을 하고 있다며 성인 죄수들에게 양해를 구했다. 존중의 의미로, 옌스가 공부하는 아침 시간마다 구역 전체가 조용해졌다. 간수들조차 열쇠를 짤랑거리는 행동을 삼갔다.

그는 최고점을 받았다. 나치 편을 든 신문들은 옌스 페데르센에게 시험을 치를 권리를 주어서는 안 된다고 불평했다. 신문 필자는 이렇게 썼다. 그에게 기회를 주는 건, 덴마크에서 파괴 공작원이 판사가 될 수 있음을 증명하는 꼴이라고.

크누드와 옌스는 각각 2년 하고도 1개월을 감옥에서 살았다. 이제 그들은 더 이상 28번과 30번 죄수가 아니었지만, 적응해야 할 크나큰 일들이 그들 앞에 펼쳐져 있었다.

크누드 페데르센: 감옥에서의 마지막 나날들이 어땠는지 상상하거나 묘사하는 건 진짜 힘들다. 시간이 기어가는 것만 같았다. 매 시간이 그전 시간보다 두 배는 길었다. 결국 우리 이름이 호명되고, 감옥 문이 열리고, 부모님이 우리를 맞으려고 기다리는 문으로 인도되는 순간이 왔다. 부모님은 우리 모습을 보더니 충격을 받은 듯했다. 바싹 여윈 몸에 외출복이 커튼처럼 늘어져 걸려 있었으니까. 어머니는 눈물을 감추지 못했다.

우리는 뉘보르 시를 걸어 오덴세로 가는 기차를 탔다. 기차에서 내리자, 우리의 저항운동이 시작된 RAF 클럽 시절의 동지 크누드 헤델룬—'작은 크누드'—이 자기 부모님과 함께 우리를 따뜻하게 맞아 주었다. 그들은 차로 우리를 데려다주었는데, 전시 상황에서는 쉽지 않은 대접이었다. 도착하니 엄청난 환영 파티가 기다리고 있었다. 식탁에는 덴마크 국기가 꽂혀 있었고, 접시에는 구운 새끼 오리 고기가 놓여 있었다. 그중에서도 가장 반가운 건 집에서 기른 잘 익은 토마토였다. 어찌나 달고 과육이 풍부한 품종이었던지, 2년 동안 빵과 죽밖에 못 먹은 옌스와 나는 그 토마토 덕분에 자유의 몸이 된 첫날밤을 대부분 화장실을 오가며 지냈다.

우리에게 경의를 표하는 몇 번의 건배 뒤에, 우리는 바깥으로 나와 작은 크누드와 함께 달빛 속을 거닐었다. 드디어 RAF 클럽의 형제들에게 무슨 일이 벌어졌는지 들을 기회가 왔다. 우리 사촌인 한스 예르겐은 어디로 갔나? 하랄 홀름은? 그들은 계속 독일 군수물자들을 공격했나? 다들 살아 있기는 한가? 다들 자유인가 아니면 붙잡혔나?

RAF 클럽 소식을 들은 지 2년도 지났다. 열여덟 살로 나와 동갑인 사촌 한스 예르겐은 우리가 올보르의 교도소에 있는 동안 내내 암호 편지를 보내 옌스와 전쟁 소식을 교환하곤 했다. 하지만 우리가 뉘보르로 이송되면서 소식이 끊겼다. 이유는 알 수 없지만 편지도 더 이상 오지 않았다. 그의 마지막 메시지는 "우린 계속할 거야."라는 짧은 말이 전부였다.

우리는 헤델룬 가의 토마토 온실로 향했고, 작은 크누드는 거기서 자기가 아는 사실을 털어놓았다.

RAF 클럽은 우리가 교도소에 수감되어 있는 동안 오덴세 학교의 급우들을 받아들이면서 규모가 더 커졌다. 그들은 공격을 자주 감행했는데, 오덴세 외곽 네스뷔에서 일어난 사건이 가장 컸다. 독일군은 그곳의 자동차 공장을 인수하여 설비를 교체하고, 동부전선에 있는 군인들을 집으로 돌려보낼 차량을 제작했다. 그 공장은 RAF 클럽의 분명한 목표물이 되었다. 그들은 오덴세 사람들 전체가 덴마크의 가장 저명한 작가를 기리는 한스 크리스티안 안데르센 나이팅게일 축제의 밤을 골라 공장을 습격했다.

한스 예르겐을 포함한 몇몇 RAF 클럽 소년들이 지붕을 통해 공장에 숨어들었고, 그 안에서 귀중한 가연성 재료를 찾아냈다. 페인트와 페인트 시너, 그리고 석유 병이었다. 제3제국에 줄 크나큰 선물이 마련된 셈이었다! 그들은 석유에 적신 천 조각을 쌓아 올린 다음, 미리 설치해 둔 사다리를 타고 다시 지붕으로 올라왔다.

그들은 성냥불 혹은 불붙은 천 조각을 아래로 던졌다. 그런 다음 지 붕에서 뛰어내려 도망갔다. 엄청난 폭발이 어느 순간에 건물을 뒤흔들 지 모르기 때문이었다.

파티에 참석한 다른 손님들이 우리더러 안으로 들어오라고 했지만, 이건 너무나 중요한 문제였다. 다음 날 올보르로 가야 했기 때문에 그 일에 대해 알아낼 기회는 지금뿐이었다. 우리는 부르는 소리를 무시하 고 바깥에 남아 이야기를 좀 더 들었다.

크누드 헤델룬은 RAF 클럽 소년들이 열여덟 살이 넘은 뒤, 그중 누 군가는 영국으로 가서 영국군에 입대하려고 했다고 페데르센 형제에게 말했다. 하지만 쉽지 않았다. 덴마크에서 스웨덴으로 도망친 다음, 거 기서 영국으로 갈 길을 지하에서 모색해야 했다.

그들은 알지 못했지만 그들의 운명은 이미 봉인돼 있었다. 덴마크 당국이 스웨덴으로의 탈출을 도와줄 거라 믿은 RAF 클럽의 순진한 어 린 단원 하나가 덴마크 경찰에게 익명으로 다음과 같은 편지를 보냈다. "오를라 모르텐센Orla Mortensen(RAF 클럽 단원 중 하나)이 주요 파괴 행 위에 가담했습니다." 그러고는 오를라의 본명 전체와 주소를 댔다.

몇 시간 뒤, 오를라는 구속됐고 다른 단원들은 도망쳤다. 그중 한

한스 예르겐 안데르센이 오덴세의 감방에서 그린 그림

명은 경찰이 찾아와 초인종을 누르자, 창문으로 뛰어내렸다. 편지를 쓴 아이는 자전거를 타고 도망가다가 잡혔다. 한스 예르겐은 들판을 달려 도망치다가 덴마크 경찰에 붙잡혔다.

그들은 독일 군사 법정에서 즉시 유죄를 선고받았다. 한 달 뒤, RAF 클럽 소년들은 교도소에 우울하게 앉아 그들에게 닥칠 운명을 기다리며 서로를 의심의 눈초리로 보았다. 누가 밀고한 거야! 곧 한스 예르겐을 포함한 RAF 단원들은 코펜하겐 서부에 있는 독일군 운영 교도소로 이송되었는데, 이곳엔 정치범들, 즉 저항운동을 하다가 유죄를 선고받은 사람들을 수용하기 위한 특수 구역이 마련돼 있었다.

연회장으로 돌아가면서 크누드 헤델룬은 한스 예르겐과 다른 소년들이 걱정이라고 털어놓았다. 서부 교도소에서는 심각한 저항자들을 배에 태워 특수한—훗날 '추모 공원'으로 불리는—곳으로 보내는데, 거기서 나무에 묶어 총살한다고 했다. 그런 이야기들을 가슴에 품고, 그들은 집 안으로 다시 들어갔다.

크누드 페데르센: 우리는 식탁에 앉아 우리의 용기를 찬양하는 연설들을 계속 들었다. 하지만 크누드의 말에 우리는 한동안 직면하지 않았던, 마음 깊이 숨겨 둔 현실과 맞닥뜨렸다. 이 나라는 아직 적에게 점령당해 있었고, 여전히 전쟁 중이라는 사실이었다.

마지막 연설과 마지막 건배가 끝나고, 나는 집주인을 따라 잠자리로 향했다. 문을 닫고 자리에 누우니 머릿속이 쿵쾅거렸다.

몇 년 만에 처음으로 나는 창살 없는 방에 누웠다. 새 삶의 시작인 듯했다. 오늘 밤 우리의 석방을 축하하기 위해 한자리에 모인 저 친절한 어른들은 세상에 평화가 있고, 적어도 잠시나마 우리에게 자유를 만끽할 수 있다는 생각을 심어 주고 싶었는지도 모른다. 하지만 잠들기 직전 몇 분 동안 머릿속에는 온통 형제들 생각뿐이었다. 한스 예르겐은 오늘 밤 어디 있을까? 알프는? 다들 살아 있을까? 나는 우리가 여전히 알 수 없는 미래로 향하는 여정에 있음을 새삼 떠올리고, 아직도 할 일이 많다는 생각을 하며 잠에 빠져들었다.

영국군들이 덴마크 저항 세력을 위해 비밀 장소에 떨어뜨린 무기 저장 용기

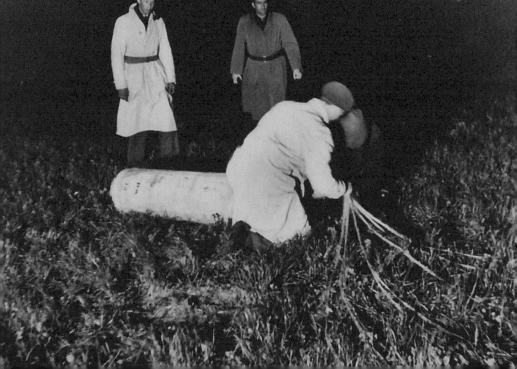

17
끝과 시작

다음 날 오후 크누드와 옌스는 오덴세 객차에서 껑충 뛰어내려 가족의 짐을 내린 후, 부모님이 보도에 발을 디딜 수 있도록 도왔다. 열차가 멀어져 가자, 네 사람은 썰렁한 기차역을 빠져나와 아치형 통로를 지나 마침내 햇빛 비치는 올보르 거리로 나왔다.

1944년 5월이었다. 낯익은 거리는 페데르센 형제가 감옥에 갇힌 뒤 덴마크가 놀라울 정도로 바뀌었음을 알려 주었다. 예전에 독일 병사들에게 물건을 팔던 상인들은 텅 비어 버린 가게의 창문 너머로 바깥을 내다보고 있었다. 다른 이들은 밖으로 나와 가게 앞을 쓸면서 독일인 고객들이 오기를 기다리며 좌우를 살폈다. 이들은 이제 배반자로 낙인 찍힌 상태였다.

정확히 2년 전에 체포될 때만 해도, 처칠 클럽 소년들은 독일에 맞서는 극소수에 속했다. 그들이 붙잡힌 건 일이 이렇게 돌아가기 바로 직전이었다. 이제 저항운동은 완연히 전개되고 있었다.

1943년에는 전년도인 1942년보다 사보타주 활동이 여덟 배 늘었다. 1944년에는 독일 자산에 대한 파괴 행위가 너무도 많이 일어나서 독일이 덴마크를 '적대 지역'으로 선포한 상태였다.

올보르는 저항운동의 온상이 되었다. 주택가 정원마다 해외에서 밀반입했거나 집에서 제작했거나 독일군에게서 훔친 총들이 묻혀 있었다. 숨길 수 있는 작은 휴대형 인쇄기로 찍은 지하신문은 적어도 전쟁에 대해서는 거짓말하지 않았다. 대규모 노동 파업이 독일 당국에 맞서 일어났다.

밤이면 밤마다 영국 비행기들이 덴마크 곳곳의 지정된 장소에 무기가 담긴 통을 떨어뜨렸다. 1942년 처칠 클럽 소년들이 체포당해 감옥에 갇혀 온 나라를 충격에 빠뜨렸을 때는 독일군이 천하무적으로 보였다. 이제 2년이 지나자, 노르웨이와 같은 저항 정신이 들끓었고 골리앗은 흔들리고 있었다.

페데르센 가족은 수도원으로 걸어 들어갔다. 가방을 내려놓고 정문을 두드렸다. 목소리가 울리고 대답이 들리더니 문이 끼익 하고 열렸다. 길이 활짝 트이면서 통로 전체에서 크누드와 옌스를 환영하는 사람들의 포옹과 환한 미소가 이어졌다.

형제는 이내 올보르에서 그들 집만큼 많이 바뀐 곳도 없다는 사실을 깨달았다. 온 군데가 떠들썩한 가운데, 수도원은 저항 조직의 본거지가 돼 있었다. 배달원들이 끊임없이 물건을 내려놓거나 암호 메시지를 받으러 왔다. 활동가들이 수도원을 안전 가옥처럼 사용하면서 숨어 지내고 있었다.

에드바르 페데르센은 자랑스레 아들들을 데리고 새 비상 통로를 지나 뒷문을 열고 계단을 올라가 다락에 들어섰다. 소총들이 장전된 채 놓여 있었고, 예배당 건물 뒤편에는 밧줄 더미가 놓여 있어 줄을 타고 뒷길로 뛰어내릴 수 있었다.

크누드는 곧 자신의 가족도 바뀌었음을 깨닫게 되었다.

크누드 페데르센: 어머니가 집안의 주인이 돼 있었다. 두드리는 문 저편에 누가 있을지 알지 못할 때 사람들에게 문을 열어 준 건 어머니였다. 아버지는 저항운동가들에게 수도원을 안전 가옥으로 내주었지만, 매주 우리를 위험에 몰아넣었다. 주일 예배 때마다 잔혹한 독일인들을 저주하는 걸로도 모자라 거의 조롱하기까지 했다. 히틀러 암살이 실패로 돌아간 주에는 설교단에서 쏘아보며 말했다.

"결국 악마는 스스로를 돌보는 데 능한 법이지요. 안 그렇습니까!"

교구민들은 아버지에게 자제하라고 권했다. 사람으로 가득한 주일 교회는 '살인 청산', 그러니까 나치 정보원 한 사람이 레지스탕스에게 살해당할 때마다 나치가 벌이는 대규모 복수 처형을 실행하기에 딱 좋은 곳이라는 얘기였다.

아버지는 그런 말들을 무시했다. 그리고 신변 보호용으로 레지스탕스가 준 커다란 콜트 권총을 휘둘러 댔다. 수도원으로 놀러 온 친구들에게 총을 꺼내 자랑하기도 했다. 한번은 총을 잘못 놀려서 발사되는 바람에 총알이 책장을 뚫고 들어갔다. 총알은 『덴마크 국민사』 제5권에 박혔는데, 어머니 머리로부터 겨우 몇 센티미터 비껴 난 곳이었다.

덴마크 전역에서 행동이 불길처럼 일어났다. 크누드와 옌스가 뉘보르에서 풀려난 지 딱 2주가 지난 6월 6일에는 저항운동가들이 코펜하겐 외곽에 있는 글로부스 공장에 폭탄을 터뜨려, 런던을 강타했던 V-2 로켓의 제작을 막았다.

며칠 뒤, 보르게를리게 파르티사네르(BOPA)라는 이름의 덴마크 저항운동 조직이 독일 군수품을 만드는 리펠 연합사 공장을 날려 버렸다. (Borgerlige Partisaner는 덴마크어로 '시민 게릴라'라는 뜻이다.)

옌스는 대학에 들어가기로 마음을 굳혔지만, 크누드는 저항운동의 중심으로 돌아가고 싶었다. 형제의 부모는 걱정이 컸다. 그들이 보기에 크누드는 활동이 아니라 휴식이 필요했다. 페데르센 가족은 돈을 모아 작은 바닷가 마을에 여름 별장을 빌렸다. 긴 여름 낮과 가족이 함께하는 저녁, 햇살 아래 산책. 이런 게 아들들에게 필요한 것이라고 그들은 믿었다.

크누드 페데르센: 처음엔 완전히 길을 잃었다. 내가 뭘 하고 싶은지도 알 수 없었다. 영혼의 짝을 찾던 때만큼이나, 아니, 그때보다 더 외로웠는데, 돌아와서 그레테를 만나고 난 뒤엔 내가 더 이상 그 애를 사랑하

지 않는다는 사실을 깨달았기 때
문이다. 그레테는 자전거를 타고
시내에 나가다가 나를 보고는 멈
춰 서서 인사를 했다. 이 사람에
게 완전히 푹 빠져 2년을 넘게 허
비했는데, 이상하게도 돌연 모든
감정이 사라지고 말았다. 대체 그
감정은 어디로 간 걸까?

1946년 성당 학교 졸업식에서 퍼트리샤 비비

바닷가 마을 후루프에서 그런
것들을 궁금해하던 나는 아버지와 단둘이 휴가를 온 소녀를 만났다. 소
녀의 아버지는 위스키 한 잔을 들고 현관 안락의자에 앉아 노래를 부르
고 있었다. 그 옆에는 검은 머리칼을 가진 열일곱 살의 아름다운 딸 퍼
트리샤 비비Patricia Bibby가 앉아 있었다.

우리는 이야기를 나눴다. 알고 보니 그 애는 올보르에 살면서 성당
학교를 다니고 있었다. 그들은 영국인 가족이었는데, 독일 침공으로 인
해 덴마크에 발이 묶여 있었다. 하루인가 이틀 뒤, 나는 그곳으로 다시
가서 그 애에게 함께 해변을 걷자고 청했다. 우리는 모래 언덕을 걷고
일광욕을 하고 이야기를 나누며 하루를 다 보냈다. 나란히 누운 우리의
손끝은 겨우 몇 센티미터밖에 떨어져 있지 않았다. 나는 모든 걸 망칠
까 봐 그 몇 센티미터를 넘어설 용기를 내지 못했다.

하지만 우리는 대화를 했다. 그 말은, 내가 이야기를 하고 그 애는

들었다는 뜻이다. 그녀는 듣는 능력이 굉장했다. 그 애에겐 감옥, 독일 군에 대항한 내 행동, 내 꿈 등 뭐든 다 얘기할 수 있었다. 그 애는 보기 좋게 웃으면서 어떤 것도 포기하지 말라고 나를 격려했다. 전쟁의 대 부분을 창살 뒤에서 보냈고, 입대하기엔 너무 어린 데다 어차피 입대할 군대도 없었지만, 그래도 그 애의 말에 나는 군인이 된 것 같은 느낌이 들었다. 그 애에겐 무슨 말도 할 수 있었다.

퍼트리샤 비비는 크누드 페데르센을 만나고 싶어 했었다. "학교의 모든 애들이 크누드가 누군지 알았다. 나는 그가 취한 태도를 존경했 다. 게다가 그는 매우 잘생겼다. 나는 그의 여동생 게르트루드와 알고 지내려고 애썼다. 그 애를 우리 집에 초대해서 페데르센 가족이 이번 여름에 후루프로 갈 예정이라는 사실을 알아냈다. 아버지에게 원래 가 려던 곳 말고 후루프에 가자고 졸랐다. 크누드와 내가 우연히 만난 건 사실이지만, 내가 거기 간 건 일부러 그런 거다. 나는 그가 말하는 게 좋았고 그와 함께 있는 게 좋았다. 크누드는 흥미로운 사람이었다. 생 기 있고 재미있고. 내가 그에게 어떤 감정을 느꼈던 거냐고? 물론이다. 그는 키가 크고 늘씬하고 재미있는 데다 2분에 한 번씩 기발한 아이디 어를 쏟아 냈다. 나란히 해변에 누워 있을 때 그가 그랬다. '왜 이 세상 엔 작은 바퀴 네 개가 달린 여행 가방이 없는 거지?' 또 이런 얘기도 했 다. '병에서 튀어나오는 치약은 왜 없는 거지?'"

퍼트리샤의 말에 따르면 크누드는 저항운동 경험에 대해서도 그녀에게 이야기했다고 한다. 감옥에 있을 때 한 소녀에게 집착했던 것, 독일군에게서 총을 훔친 일, 사보타주를 하러 밤에 나갔던 일 등. "나는 그때 열일곱 살이었고 그가 괴로워하고 있다는 걸, 감옥에서의 경험이 그를 심하게 뒤흔들었다는 걸 알아차릴 만큼 성숙하지 못했다. 크누드는 감옥 이야기를 굉장히 재미있게 해 줬는데, 예컨대 이런 식이었다. 어떤 간수가 그에게 요강을 윤이 나도록 닦으라고 하면서 '네 어머니가 가장 아끼는 꽃병'처럼 광이 날 때까지 닦으라고 했다는 거였다. 나는 그 말을 듣고 웃었지만, 거기 담긴 크누드의 고통은 느끼지 못했다. 적어도 그때는."

크누드 페데르센: 여름휴가가 지나고 나서 퍼트리샤는 게르트루드를 만나러 수도원에 매일 오후마다 놀러 왔다. 나는 그 애의 마음을 얻기 위해 피나게 노력했다. 내 방에도 자주 데려갔다. 내 그림을 보여 주고, 그 애를 위해 두어 장의 낭만적인 그림을 그렸다.

1944년과 1945년 사이의 어느 겨울 밤, 퍼트리샤의 아버지가 죽었다. 그 애를 세상에 홀로 남겨 두고. 우리 어머니는 그 애에게 즉시 수도원으로 와서 같이 살자고 했고, 그 애도 그러겠다고 했다.

함께 살면서 우리 사이는 많이 달라졌다. 나는 여전히 그 애를 사랑하고 있었지만, 이제 절반쯤은 여동생 같은 존재가 되었다. 옌스가 코펜하겐의 대학에서 돌아왔을 때, 그 역시 첫눈에 팻에게 빠졌다. 이건 뭐 기정사실이나 다름없다. 내가 원하는 게 있으면 옌스가 가지려고 한

카를 아우구스트 알그렌 묄레르

다는 것. 어느 날 밤 팻이 와서 옌스에게 받은 선물을 보여 주었다. 커다란 초록색 원석이 박힌 반지였다. 아무 말도 할 수 없었다. 유일한 희망이 있다면 그녀가 옌스와 사랑에 빠지지 않는 거였는데, 차마 말을 할 수가 없었다. 그건 우리 사이의 규약을 깨는 짓이었으니까. 우리 사이는 그랬다. 만약 그녀가 내게 뭔가 할 말이 있었다면, 분명 말을 했을 것이다.

어느 겨울 밤 10시쯤, 페데르센 가족은 수도원 정문을 쿵쿵 두드리는 소리를 들었다. 페데르센 부인이 조심스럽게 문을 열어 보니, 스키를 탄 젊은이가 눈을 뒤집어쓴 채 서 있었다. 그는 숨을 격하게 몰아쉬며 찬 공기 사이로 입김을 내뱉었다. 그리고 자신이 카를 아우구스트 알그렌 묄레르Karl August Algreen Moeller이며 코펜하겐 대학 과학기술과 학생이라고 소개했다. 게슈타포에게 쫓겨 라네르스 마을로부터 56킬로미터를 스키로 도망친 참이라고 했다. 수도원의 주소를 얻고 안전 가옥이라는 이야기를 들었다는 거였다. 그가 간청했다. 과연 그를 숨겨 줄 수 있을까?

페데르센 가족은 그를 따뜻하게 환영했고 크누드 방에 침대를 놓아
주었다.

SOE

영국 비밀 부서인 특수작전국(Special Operations Executive, SOE)은 전 유럽 레지스탕스
와 손을 잡고 일했다. 덴마크 저항운동가들은 사보타주를 벌이기 위해 영국으로부터 훈련을 받았다.
SOE는 강력한 명령 체계와 더불어 훈련이 매우 잘돼 있었다. 영국인들은 통제의 중요성을 강조했
다. 영국 공군은 1944~1945년 사이 덴마크 국토에 무기가 저장된 용기를 수천 개 이상 떨어뜨렸
다. 그런 무기들을 모으다가 잡히는 덴마크인은 그 자리에서 총살을 당하거나 독일 수용소로 보내졌
다. 1942년 처칠 클럽 소년들이 체포됐을 때 많은 덴마크 경찰들은 믿음직한 독일 부역자였다. 하지
만 페데르센 형제가 풀려난 1944년경에는 많은 덴마크 경찰이 독일의 명령을 거부했고 저항운동을
도왔다. 형제들이 감옥에 있는 동안 얼마나 큰 변화가 일어났는지를 보여 주는 또 하나의 징조였다.

1945년, 덴마크 저항운동가들을 돕기 위해 영국 특수작전국이 떨어뜨린 무기 저장 용기

크누드 페데르센: 카를은 내가 되고 싶었던 저항운동가였다. 그는 저녁마다 덴마크로 송출되는 BBC 뉴스가 방송될 때 아버지의 집무실에서 활동을 시작했다. 카를은 매일 라디오의 메시지를 올보르의 다른 주소를 통해 영국 SOE에 보냈는데, 신기하게도 수도원 주소는 한 번도 없었다. 영국 사령관들은 라디오 방송을 통해 "할머니가 차를 한잔 드시겠다고 한다."라든가 "네 자전거 앞바퀴 바람이 빠졌다." 같은 암호 메시지를 남겼다. 각각의 메시지는 레지스탕스 세력의 움직임을 나타냈다. "할머니가 차를 한잔 드시겠다고 한다."는 '아침 9시에 특정 농부의 밭에 가 있으면 공군이 무기 저장 용기를 투하할 것이다.'라는 뜻일 수도 있었다.

이런 의사소통과 무기 배달은 나치에 대항하는 덴마크 레지스탕스의 생명줄이나 다름없었다. 카를은 메시지들을 엄청 신속하게 보내야 했는데, 이 메시지가 어디서 송출되는지 알아내려고 게슈타포가 어깨에 안테나를 달고 돌아다녔기 때문이다. 카를은 이미 게슈타포에게는 유명인이자 검거 대상 1호였다.

카를과 나는 친구가 되었지만 속을 터놓는 사이는 아니었다. 그는 오후에 집을 떠날 때마다 어디로 가는지 말하지 않았고, 나는 묻지 않았다. 카를이 떠나기 전날, 트렌치코트를 입은 그의 상관이 찾아온다는 사실은 알고 있었다. 그는 그날 런던에 보낼 암호화된 라디오 메시지의 각본을 카를에게 건넸다.

밤이면 카를과 나는 이야기를 나눴다. 나는 조직적인 레지스탕스의 일원이 되고 싶었고, 그에게 사보타주에 관한 아이디어들도 모두 들려주고 싶었다. 어느 날 밤에는 철교에서 기차로 폭탄을 던지는 일의 가능성에 대해 이야기를 나눴다. 나는 그에게 독일인들은 늘 덴마크 죄수들을 맨 앞 칸에 태우므로 적어도 세 칸이 지날 때까지 기다려야 한다고 했다. 그는 그냥 웃기만 했다.

창문 근처로 차가 다가오는 소리가 들리면 대화는 얼어붙었다. 수도원은 길모퉁이에 있었기 때문에 길을 꺾으려는 차들은 다가오면서 기어를 저속으로 변환해야 한다. 헤드라이트 불빛이 모퉁이를 비추고, 운전자가 기어를 바꾼다. 차가 속력을 늦추는 중인가? 멈췄나? 드러누워 카를과 함께 차 소리를 들으면서 나는 처음으로 두려움에 사로잡혔다. 처칠 클럽 활동은 두렵지 않았지만, 감옥 생활이 나를 바꿨는지도 모른다. 고급 휘발유로 부드럽게 움직이는 자가용 소리를 들을 때마다 나는 나 자신에게 말했다.

무기 투하

1943년 초, 스웨덴 스톡홀름의 연락 사무소는 덴마크 레지스탕스와 SOE를 연결해 줄 준비가 돼 있었다. 덴마크에 무기를 투하하는 일을 상호 협조하려는 생각이었다. 무기를 맨 처음 받을 사람은 덴마크 최북단 윌란에 사는 농부들로 정해졌다. 계획은 암호화된 라디오 방송을 통해 진행되었다. 목표한 날 밤, 농부는 비행기의 굉음이 들려올 때까지 어둡고 인적 없는 황야에서 기다린다. 농부는 저공 비행기에 손전등으로 신호를 보내고, 6미터짜리 낙하산에 달린 무기가 떨어지면 달려가 받을 준비를 한다. 그러고 나서 비행기 소리를 들었을 독일군들이 대응하기 전에 무기로 가득 찬 통들을 잽싸게 수거해 가는 것이다.

"그냥 게슈타포 아니면 의사 선생님이겠지."

우리는 조그만 소리에도 귀를 곤두세웠다. 만약 엔진이 완전히 멈추면 도망쳐야만 한다. 그래서 우리는 헤드라이트 불빛이 지나갈 때마다 머리를 조금 내놓고 엿봐야 했다. 정말 무서웠다.

어느 날 밤, 카를이 내 방으로 돌아오지 않았다. 그 뒤로도 계속 돌아오지 않았다. 몇 달이 지나 해방일 직후, 나는 그가 쫓기다가 다락으로 이어지는 어느 계단에서 게슈타포 장교들에게 붙잡혔다는 소식을 들었다. 카를은 총으로 장교들 중 두 명을 쏴 죽인 후에 자신의 머리에 총을 겨누었다.

해방 후, 카를의 시신은 군 비행장 묘지에서 발견되었다. 부모님에게 남긴 유서도 있었다. 나는 그의 신원을 밝히기 위해 그 자리에 갔는데, 처참한 광경이었다. 팔다리가 철사로 묶여 있었다. 우리는 그를 예배당으로 데려갔다. 며칠 뒤, 나는 차를 타고 카를의 유해를 뒤따라 그

카를 아우구스트 알그렌 뮐레르의 작별 편지

사랑하는 어머니와 아버지,

저는 지금 죽으러 갑니다. 너무나 두려워요. 하지만 저는 기독교인으로서, 그리고 전쟁 중인 덴마크의 국민으로서 죽을 수 있도록 하나님이 제게 힘을 주시리라 믿어요.

하나님이 어머니와 아버지를 축복하시길 기도합니다. 저는 최선을 다했고, 잡히기보다는 죽는 게 낫다고 믿어요. 그들이 밖에 있고 저는 이제 그들과 맞서야 합니다.

하나님께 제 영혼을 맡깁니다.

카를

가 태어난 작은 마을로 향했다. 그의 부모님 집까지 가는 길에는 내내 꽃이 놓여 있었고, 모든 덴마크 국기들이 조기 게양돼 있었다.

나는 카를에 관한 이야기를 들었다. 페데르센 가족 전체가 지하조직을 위해 일하고 있다는 것을 안 카를이 그의 상관에게 수도원으로부터 다른 곳으로 거처를 옮기게 해 달라고 요청했다는 거였다. 그는 우리를 보호하고 싶었던 것이다.

처칠 클럽 소년들은 석방 후에는 다시 모이지 않았다. 다들 일상에 적응하느라 바빴다. 1943년 헬게 밀로와 에이길 아스트루프 프레데릭센은 성당 학교 11학년으로 등록했고, 학생들과 잘 지내려고 했다. 교직원들은 그들을 받아들일지 말지를 두고 의견이 갈렸다. 반 친구 하나는 헬게가 영어 수업에 처음 들어온 날을 기억한다. 영어 교사는 나치 동조자로 알려져 있었는데, 이 새 학생에게 고고한 척하며 말을 건넸다.

"우리 중에 새로운 얼굴이 보이는구나…… 넌 누구지?"

"제 이름은 헬게 밀로입니다."

"넌 어디서 왔지?"

"뉘보르…… 뉘보르 주립 교도소입니다."

교사는 교실에 보는 눈이 없다는 듯이 고함을 질러 댔다. 학생들이 듣기로는 '엇나간 청소년'에 대해 씩씩거리며 떠들었다고 한다.

'교수' 모겐스 피엘레루프도 성당 학교로 돌아왔다. 그는 등록하기 전에, 학교에 아무런 해도 끼치지 않겠다고 맹세하라는 말을 들었다.

"잘못한 건지도 모른다."라고 훗날 썼지만, 어쨌든 그는 맹세했다. 더이상 처칠 클럽이 모일 명분이 없었다. 이제 저항운동은 전문 활동가들이 효율적으로 시행하고 있었다. "모험심으로 뛰어드는 이들(십대)을 받아 줄 곳은 이제 없다."라고 모겐스는 썼다. 하지만 그는 그때의 흥분을 그리워했다. "시간이 그냥 흘러간다. 감옥에 갇혀 있을 때와 마찬가지로 느릿느릿하게."

에이길은 올보르에서 새 출발을 잘했다. 덴마크 유대인을 잡아들이려는 나치들로부터 가족이 피신할 수 있어서 그는 크게 마음이 놓였다. 게다가 여자 친구인 비르테Birthe가 그를 기다리고 있었다. 처음에는 성당 학교에서도, 따분하고 형식적이긴 해도 그를 환영해 주었다.

그러던 어느 날, 친구 하나가 그에게 레지스탕스 활동에 관심이 있느냐고 물었다. 에이길은 자신이 이미 제안을 받아들이고 있음을 깨달았다. 그는 어느 조직에 소개받아 무기 다루는 법을 배웠고 여기저기로 중요한 메시지를 전달하는 임무를 맡았다.

배달에 몇 번 성공한 뒤, 에이길은 노인 한 명과 또래 소년과 함께 배를 타고 스웨덴으로 가서 서류를 전하라는 요청을 받았다. 출발 전날, 그의 할아버지 집으로 서류가 배달되었다. 다음 날 아침 게슈타포의 군화 소리가 계단을 울렸다. 주먹으로 문을 쾅쾅 두드리는 소리와 문을 열라는 고함이 들렸다. 에이길은 서류를 신발에 쑤셔 넣고 3층 창문을 통해 게슈타포들 뒤쪽 가까운 지붕으로 올라갔다. 그리고 두려운 마음에 기도를 한 뒤, 정원 헛간으로 뛰어내렸다. 그는 목표 지점을 벗어나 보도에 떨어져 다리가 부러졌고 또다시 붙잡혀 갔는데, 이번엔 독일이 운영하는 병원이었다.

1944년 여름방학 이후 크누드도 성당 학교에 다시 등록했지만, 그의 마음은 공부에서 떠나 있었다. 가장 오래 수감되었던 그는 처칠 클럽의 다른 친구들보다 한 학년 뒤처져 있었다.

"굳이 학교에 책을 가져가려고도 하지 않았다." 퍼트리샤 비비는 나중에 떠올렸다. "그는 예술가, 화가였다. 수감돼 있는 동안 밀턴의 『실낙원』을 덴마크어로 번역한 청년이기도 했다. 그는 고등학교로 돌아가기엔 나이가 너무 많았다."

크누드의 교우 관계는 사라지고 없었다. 옌스는 코펜하겐 대학에서 공부하고 있었다. 알프와 카이 호울베르, 크누드 호튼보는 여전히 수감 중이었는데, 그래도 알프와 카이는 독일에서 반년을 보낸 뒤 덴마크 감옥으로 돌아왔다. 나치에 끌려간 한스 예르겐 안데르센은 고통당하고 있을 게 분명했다. 만약 살아 있다면.

크누드는 SOE가 이끄는 레지스탕스에 가담하고 싶었지만 길이 없었다. 그는 처칠 클럽의 주동자로서 올보르 전체에 얼굴이 알려진 인물이었고, 전문적으로 활동하는 레지스탕스들은 그가 보안상 위험부담이 크다고 생각했다.

이젠 세상이 달라졌다. 새 레지스탕스 활동은 규율을 바탕으로 조직되었다. 크누드 페데르센이 명령을 따를 수 있을까? 성질을 죽일 수 있을까? 명령 체계 안에서 제대로 활동할 수 있을까?

크누드는 가능한 길을 하나하나 알아보려고 했다. 모두 닫혀 있었다. 크누드의 기상은 꺾였다. 자신감은 바닥을 쳤다.

"그의 어머니가 나를 두어 번 부른 적이 있다." 퍼트리샤 비비는 이렇게 회상한다. "그는 자기 방에 처박혀 밖으로 나오려 하지 않았다. '네가 가서 좀 보고 와 줄래?' 어머니가 부탁했다. 나는 문 밖에 서서 문을 열게 하려고 애썼다. 그는 자기가 그린 그림과 쓴 글들을 갈기갈기 찢고 있었다. 그게 아무런 도움도 안 되고 아무짝에도 쓸모가 없다면서. 그는 자기 자신이 무가치하다고 느꼈다. 그는 끔찍한 우울을 겪고 있었다. 우린 이야기를 해야만 했다."

어느 날 오후, 크누드는 밖으로 나가 산책을 하면서 게슈타포 본부가 있는 시내 바깥쪽에 모여든 군중 사이에 끼어들었다. 주변에서 지켜보고 있는데, 건물 밖 길거리에 있는 하수도 맨홀 뚜껑이 눈에 띄었다. 그러자 아이디어가 떠올랐다.

크누드 페데르센: 「올리버 트위스트」라는 영화에서 런던 하수도가 터널을 통해 연결돼 있고 사람들이 그리로 오가던 게 기억이 났다. 올보르 하수도 역시 게슈타포 건물 아래로 이어져 있으리라는 확신이 들었다. 그 일에 대해 생각하며 장난감 가게 앞을 지나려는데, 창문으로 전기 열차가 눈에 들어와서 멈춰 섰다. 아이디어가 떠올랐다. 급수차와 객차 서너 개가 달린 장난감 열차에 PE2 다이너마이트를 싣고 게슈타

포 건물 아래 궤도를 달리게 하면 될 거라는 생각이었다.

조직화된 레지스탕스 활동에 참가하고픈 내 마음은 그 정도로 간절했다. 물론 내 안에 남은 이성은 그것이 정신 나간 아이디어에 가망 없는 기획이라는 걸 알고 있었다. 하지만 출소 이후 나는 SOE가 세운 조직적인 레지스탕스에 나 자신을 제대로 소개하는 데 성공한 적이 없었다. 대답은 늘 똑같았다. 내가 '보안상 위험부담'이 있다고 했다.

나는 장난감 가게에서 발길을 돌려 올보르 시청 사무실로 향했다. 시 기술부를 찾아가서 외스테로 가의 하수 설계를 그린 청사진이 있는지 물었다.

"그걸 어디 쓰려고?"

기술부 담당자가 물었다.

"배수관 크기를 공부하려고요."

"거기가 무슨 파리의 산책로인 줄 알아?"

대화가 이쯤 되니 사무실의 모든 젊은 기술자들이 모여들어 웃기 바빴다. 하지만 나는 사무원들 책상 너머 열린 문틈으로, 따로 방을 가지고 있는 상급 기술자의 방을 보았다. 그는 웃고 있지 않았다.

알고 보니 그는 올보르에 있는 SOE의 킹스 중대(일명 K 중대)의 책임자였다. 그는 나에 대한 모든 걸 알았다. 내가 가고 나서 그는 K 중대의 일원인 동료에게 전화를 걸었다.

"페데르센 씨를 외부에 두는 것보다 내부로 영입하는 게 낫겠어."

이튿날 한 남자가 레지스탕스 지휘부 자리를 제안하러 나를 찾아왔다. 나는 K 중대의 B분과 제4조직을 이끌게 되었다. 우리 임무는 독일의 추적을 피해 탄약, 무기 그리고 폭발물을 이곳에서 저곳으로 옮기는 일이었다. 그제야 나는 기관총을 분해하고 재조립하는 방법을 포함해 무기 다루는 법을 배울 수 있었다. 파인애플처럼 생긴 미제 수류탄의 사용법도 익혔다. 나는 이제 처칠 클럽에서 훔쳤던 무기들을 다룰 수 있게 되었다.

우리의 첫 번째 임무는 올보르 반대쪽 끝에 있는 어느 교회에서 무기들을 한 무더기 꺼내 수도원 예배당으로 옮기는 거였다. 무기를 숨

게르트루드 페데르센, 퍼트리샤 비비, 그리고 잉게르 바드 한센
– 저항운동 기금 모금자

퍼트리샤 비비는 크누드의 여동생 게르트루드, 그리고 그들의 친구 잉게르 바드 한센Inger Vad Hansen과 마찬가지로 레지스탕스를 위한 뛰어난 기금 모금자가 되었다. 그들은 독일 선전지에 맞서는 지하신문을 만들기 위한 기금을 모아 달라는 크누드의 요청에 기꺼이 응했다. 그들은 부유한 올보르 시민 ─ 대개 사업가 ─ 들을 방문해 대화를 나누다가 마지막에 기금 이야기를 꺼냈다. 이야기를 나누는 사람들이 개인적으로 이 문제에 얼마나 공감하고 있는지 확신할 수 없다는 점에서 꽤 위험한 일이었다. 그들이나 그들의 상급자가 위험을 감지하면, 소녀들은 지하로 숨었다.

퍼트리샤는 이렇게 회상했다. "우린 친구들 집에서 머물렀다. 그런 때면 일주일에 한 번 아버지를 만나러 교회 마당으로 갔다. 내가 살아 있다는 걸 알리기 위해서. 우리는 서로를 쳐다보지 않고, 이야기도 나누지 않고 지나갔다."

부유한 기부자들은 그들의 돈이 곧장 레지스탕스 활동에 쓰일지 어떻게 아느냐며 궁금해했다. 소녀들은 그 기부자들에게 암호명을 주었고, 지하신문인 『프리트 덴마크』Frit Danmark 특정 페이지에 그 이름이 실릴 거라고 약속했다. 비밀 영수증이나 다름없었다. 잉게르는 명단을 적지 않고 암호로 기억해서 외웠다.

세 소녀는 수천 덴마크 크로네의 기금을 모아 지하 조직에 보냈다.

긴 교회 맞은편 학교를 독일군이 접수하고 있어서 꽤 위험한 임무였다. 젊은 병사들이 늘 창가에 앉아 담배를 피우고, 웃고, 지나가는 모든 것들―자전거로 교회를 계속 오가는 우리 모습까지 포함해―을 내려다보았다. 그런 가운데 우리는 검은 종이로 감싼 그 덩치 큰 무기들을 자전거로 실어 날랐다.

조직이 결성된 지 며칠 안 된 어느 오후, 우리 무리 중 하나가 게슈타포에 잡힌 듯하다는 이야기를 들었다. 정보를 캐내기 위해 그를 고문할 거라고 했다. 우리는 무기를 한꺼번에 옮기기로 했다. 마룻바닥을 떼어 내 무기를 전부 꺼냈다. 그것들을 실어 나르려고 검은 종이에 감싸고 있는데, 문을 쾅쾅 두드리는 소리가 들려왔다! 총과 수류탄이 교회 전체에 널브러져 있었다. 두드리는 소리는 계속됐다. 우리 중 하나가 기관총을 꺼내 들고 제단에 기대어 자리를 잡았다. 다른 친구는 무기를 쥐고 설교단 뒤로 기어갔다.

나는 두근거리는 가슴을 안고 문을 열었다. 교회 성가대원들이 서 있었다. 성가대원 하나가 연습할 시간이라고 말했다. 그는 교회 안을 둘러보더니 무슨 일이 벌어지고 있는지 대번 알아차렸다. 그가 돕겠다고 하기에, 다른 사람들에게 연습이 취소됐다고 전해 주면 큰 도움이 되겠다고 대답했다. 늦은 오후쯤 우리는 35인분의 소총들을 비롯해 모든 무기를 수도원 예배당으로 옮겼다.

1945년 5월 4일 밤, 거리에 나가 있었는데 열린 창을 통해 웽웽거리는 라디오 소리가 들렸다. 아나운서가 말하기를 독일이 항복했고 따라서 내일 아침 덴마크는 해방이라고 했다. 사람들이 불을 껐다 켰다 하면서 창 너머로 환호성을 지르고, 춤을 추고, 건물 밖으로 뛰어나와

해방!

1945년 5월 4일 8시 30분, 덴마크 아나운서 요한네스 G. 쇠렌센Johannes G. Sørensen은 BBC 저녁 방송을 중단하고 방금 전해 받은 전보를 읽었다. 단 두 문장이었다.

북서 독일, 네덜란드, 덴마크의 모든 독일군이 항복했음을 몽고메리 육군 원수가 알린다. 항복은 내일 아침 8시를 기해 발효된다.

5년 동안의 독일 점령이 끝났다. 덴마크인들은 거리로 몰려나와 웃고 울고, 춤추고 노래했다. 창에서 검은 커튼을 떼어 내 거리에서 불태웠으며 그 자리에 기쁨의 초를 밝혔다.

점령자들의 국기를 찢고 불태우는 덴마크인들

거리로 모여드는 모습을 보았다. 곧 우리 분대도 수도원으로 모이라는 명령을 받았다. 서른다섯 명 전원이 나타났다. 지금부터 수도원을 단단히 지키고 앉아 있으라는 명령이었다. 다음 날 아침 일찍 독일군의 가장 큰 전리품인 올보르 공항을 탈환할 예정이었다.

그날 밤 우리는 예배당에서 모든 무기를 아래층 화실로 날랐다. 바주카포와 소총에서 나는 강한 기름 냄새가 응접실과 거실까지 퍼졌다. 우리가 일을 마치자 어머니가 커피를 대접했고, 아버지는 찬송가 책을 나눠 주었다. 나는 처칠 클럽이 탄생한 방으로부터 겨우 몇 미터 떨어진 수도원 예배당에서 전쟁의 끝을 맞으려 하고 있었다. 내 K 중대 동료들과 함께 찬송가를 부르면서. 그때 나는 열여덟 살이었다.

1945년 5월 5일 해방의 날

18
처칠과 처칠의 만남

해방이 찾아온 뒤, 덴마크에는 점령국에서 자유국으로 전환하는 업무가 생겨났다. 일부 독일군은 항복을 거부했다. 조국으로부터 증오의 대상이 된 덴마크 나치들은 갈 곳이 없어 쓰라린 결말을 맛볼 때까지 싸울 수밖에 없었다. 해방 후 수 주 동안, 독일 군인 수천 명이 여전히 덴마크에 머물렀다. 독일로 돌아가고 싶지 않았던 이들은 하던 일을 그대로 계속했다. 그들의 조국은 세계 곳곳에서 여전히 전쟁 중이었고, 도시들은 연합군의 폭격으로 산산조각이 나 잔해만 남았기 때문이다.

결국에는 독일군 대부분이 국경에 무기를 내려놓고 제 나라로 줄지어 돌아갔다. 해방 후 몇 주 동안 1만 5,000명이 독일 부역자로 고발돼 체포당했고, 덴마크 법정에 회부되었다. 그중 1만 3,521명이 유죄였고 46명은 처형당했다.

레지스탕스 조직은 덴마크 정부에 힘을 빌려 주었다. 중대 내 한 조

덴마크를 떠나는 독일군

직을 이끄는 크누드 페데르센은 조직원들을 데리고 올보르 시민 공항
의 한 건물에 가서 공항이 독일로부터 덴마크 정부로 이양되는 과정을
지켜보라는 명령을 받았다. 그는 일이 잘 진행되고 있기를 기대했지만,
조직원들과 함께 도착했을 때 여전히 독일인들에 의해 공항이 운영되
는 모습을 보고 충격을 받았다.

덴마크 국민들은 점령기 동안 그랬듯이 여전히 독일인들에게 신분
증 검사를 받고 있었다. 크누드와 조직원들은 재빨리 접수 작업에 들어
갔다.

크누드 페데르센: 나는 신분증을 모두 압수하고, 이곳에 고용된 독일인들에게 소지품을 챙겨 두 시간 안에 이곳을 떠나라고 했다. 독일인 지휘관이 펄펄 뛰었지만 나는 그에게 즉시 사라지라고 했다. 몇 분 후 공항 곳곳에서 나타난 차량 행렬이 우리에게 몰려들었다. 영국군을 태운 영국 지프차들과 지휘관들을 가득 실은 덴마크 레지스탕스 차들이었다.

내 상관은 내가 공항에 내린 명령을 취소하고 모든 신분증을 사람들에게 돌려주었다. 나는 차로 돌아가 본부로 가라는 명령을 들었고, 거기서 실컷 잔소리를 들었다.

상관의 말로는 내 권한을 넘어선 행위였다는 거다. 내가 명령을 벗어났다고 했다.

"이제부턴 명령에 꼭 복종하도록 해."

나는 거절했다.

내가 어떻게 복종한단 말인가. 공항에서 일어난 일은 레지스탕스 일파가 변질되고 있음을 보여 주는 직접적인 증거

덴마크 경찰에 체포되는 나치 부역 용의자

였다. 덴마크 당국이 벌써부터 독일 동조자들을 감옥에서 풀어 주고 있다는 소식이 속속 들려오기 시작했다. 우리가 이런 일을 위해 싸웠던 것인가.

나는 다른 조직의 대장들도 나처럼 절망했음을 알게 되었다. 우리는 전환 작업 시 지켜야 할 다섯 가지 요구 조항을 함께 작성했다.

1. 모든 독일인은 감금한다.
2. 독일인과의 상거래를 금한다.
3. 부역자는 즉시 체포한다.
4. 독일 병사를 위한 음식은 배급제로 전환한다.
5. 레지스탕스는 부패를 반드시 척결한다.

나는 이 조항들을 가지고 인쇄공을 찾았고, 그는 즉시 자리를 뜨더니 경찰에 전화했다. 중대 상관이 찾아와 나를 직위 해제하고 무기와 탄약을 회수해 갔다. 이제 나는 레지스탕스 활동을 함께할 본부도, 미래도 없이 또다시 길에 나섰다. 우울하게 수도원으로 돌아가 뭘 선택할 수 있는지 궁리해 보았다. 뾰족한 수가 없었다.

며칠 뒤 오후, 여전히 암울한 전망에 파묻혀 있는데, 갑자기 놀랍게도 K 중대에서 온 차가 수도원 앞에 멈춰 섰다. 며칠 전에 나를 직위 해제한 바로 그 사람이 나를 따뜻하게 부르더니 총과 탄약과 계급장을 돌려주었다. 대체 무슨 일이지?

알고 보니 덴마크 주둔 영국군 총사령관인 리처드 듀잉Richard Dewing 소장이 나를 구해 준 거였다. 그러려고 해서 그런 건 아니었지만. 해방이 찾아오자, 그는 덴마크의 첫 번째 레지스탕스인 전설적인 처칠 클럽을 만나고 싶어 했다. 곧 올보르를 방문할 예정이었던 그는 부하들에게 클럽 단원들을 가능한 한 많이 모아, 정해진 시간에 피닉스 호텔로 데려오라고 했다.

우리는 모두 그 만남에 당황했다. 우페 다르케트는 독일에 있었는데, 그가 있던 곳에 갑자기 영국 공군 비행기가 나타났다고 했다. 조종사는 우페에게 덴마크 올보르로 그를 데려오라는 명령을 받았다고 말했다. 헬게, 교수, 알프, 우리 모두 비슷한 경우였다.

만남 당일, 호텔 식당의 긴 식탁 상석에 듀잉 소장이 착석한 가운데 우리 모두 둘러앉았다. 그는 우리 한 사람 한 사람의 이름을 부르며 인사를 나누었다. 소장은 오덴세에서 올보르까지, 또 뉘보르 주립 교도소와 그 이후의 우리 이야기를 듣고 싶어 했다. 그래서 우린 성난 학생 시절 이야기부터 점차 담대해져 사보타주 활동을 벌이고 감옥에 수감된 이야기까지 자세히 들려주었다. 공항 안에 있던 푹스 건설사 본부를 야간에 습격한 이야기를 하면서, 히틀러 초상화 위를 트램펄린 뛰듯이 쿵쿵 뛰었을 때 얼마나 기분이 좋았는지도 떠올렸다. 무기 탈취, 자동차 파손, 화물 차량을 태워 버린 일 등도 이야기했다. 우리가 킹 한스 가데스 교도소에서 창살을 가짜로 바꿔치기한 대목에 이르자 소장은 박장대소했다. 마지막에 그는 의자를 뒤로 밀며 자리에서 일어나더니 "정말

처칠 클럽과 만나는 듀잉 소장. 상석에 앉은 이가 소장이고, 그의 오른쪽에 앉은 이가 크누드이다.

좋은 이야기였네." 하고는 우리에게 경례를 했다.

"이 이야기를 처칠 씨에게 전하지."

윈스턴 처칠은 진짜로 그 이야기를 들었지만, 듀잉 소장으로부터 들은 건 아니었다. 5년 후인 1950년 가을, 덴마크에서는 전쟁의 그림자가 가셨다. 해방 후 첫 한두 해 동안은 반역 행위를 저지른 독일 부역자들을 고발하고 그들에게 정의를 요구하느라 공기가 무거웠지만, 이제 끔찍한 시간은 지났으며 태양이 다시 빛나고 있으니 그걸 극복하자는 분위기가 사람들 사이에 감돌았다. 처칠 클럽은 흩어졌고 재결합은 없었다. 대부분 직업을 갖고 가정을 이루기 시작했다.

크누드 페데르센: 나는 코펜하겐으로 이사했다. 법대 수업을 듣고 있었지만 내가 진정 사랑한 건 늘 그랬듯이 미술이었다. 나는 그림을 그리고, 밤늦도록 이야기를 나누고, 토론하고, 현대 미술의 새로운 경향을 배우느라 바빴다. 코펜하겐 대학의 다른 모든 젊은 학생들, 특히 미대생들이 그랬듯이 커피 한 잔 사 먹을 돈도 거의 없었다. 생활을 꾸리려고 새벽 5시부터 일어나 신문을 돌리고, 양조장에서 빈 병을 분류하는 일도 했다. 뉘보르 주립 교도소에서의 작업만큼이나 고된 일이었다.

어느 날 밤, 수업을 마치고 친구들을 만나러 시 광장을 바삐 가로지르다가 신문사 건물 꼭대기를 흘끗 보니, 전광판에 이렇게 쓰여 있었다. "처칠 클럽이 윈스턴 처칠을 만나다."

나는 멈춰 섰다. 내가 돌처럼 굳어 있는 사이, 보행자들의 물결이 바쁘게 스쳐 갔다. 나는 광장 중앙의 공중전화 부스로 달려갔지만, 집에 전화를 걸 동전이 없었다. 그러다가 눈을 들어 보니 신문사 건물 바로 옆 호텔에 흰 현수막이 커다랗게 걸려 있었다. '처칠 클럽 회동 본부'. 나는 예약처에 앉아 있는 여자에게 내 이름을 밝히고, 전화 좀 써도 되겠느냐고 물었다. 그녀가 말했다. 그들이 하루 종일 나를 찾아다녔다고.

그날 밤과 다음 날 아침, 옛 친구들이 서서히 모여들었다. 안타깝게도 옌스는 인도에서 기술자로 일하고 있어서 참석하지 못했다. 일부는

처칠 클럽 단원들을
둘러보는 윈스턴 처칠

대학교에 다녔고 여전히 서로 알고 지냈지만, 나는 대부분의 친구들과
연락이 끊긴 상태였다. 몇몇은 이제 아버지가 되었다. 나도 미래에 그
렇게 되길 바랐다.

윈스턴 처칠 경이 코펜하겐을 방문한 주요 목적은 유럽 문화에 기
여한 그의 지대한 공로를 기리는 시상식에 참석하는 것이었다. 시상식
은 다음 날 밤, 코펜하겐에 있는 3,000석 규모의 K.B. 할렌에서 열릴
예정이었다. 처칠 클럽 단원들은 이게 어찌된 일인지 정신이 하나도 없

었지만, 차차 정신을 차리고 처칠을 만날 마음의 준비를 하기 시작했다. 한 신문사가 이 행사를 주최했는데, 신문사 소속 기자들과 사진사들이 홍보 아이디어를 끝도 없이 쏟아 냈다. 그중에는 처칠 클럽의 모두가 카메라 앞에서 윈스턴 처칠이 피우는 시가를 피운다는 계획도 포함되어 있었다.

다음 날, 윈스턴 처칠과 그의 가족이 덴마크 국왕과 함께 성에서 오찬을 나누는 사이, 처칠 클럽도 호텔에서 그들을 기리는 오찬에 참석했다. 행사 진행자 에베 뭉크Ebbe Munck는 영국의 비밀 사보타주 조직인 SOE와 덴마크군 정보부 사이의 연락책이었던 레지스탕스 영웅이었다. 그가 입을 열자, 처칠 클럽 단원들은 그들이 어떻게 해서 이런 영광을 누리게 되었는지 마침내 알게 되었다.

크누드 페데르센: 에베 뭉크는 이틀 전 자신이 런던에서 코펜하겐까지 북해를 건너는 비행기 여행에서 처칠 옆자리에 앉았다고 했다. 이 기회를 통해 그는 처칠 클럽이 왜, 어떻게 결성됐으며, 어떤 일을 했고, 왜 그의 이름을 붙였는지 처칠에게 알렸다. 그의 말에 따르면 처칠은 감동했고, 우리의 공로를 널리 알려야 한다는 결심을 군혔다고 했다. 지금이 기회였다. 그가 덴마크에 다시 올 일이 또 언제 있으랴. 그들을 최대한 다 한자리에 불러 모으시오, 처칠은 에베 뭉크에게 말했다. 그래서우리가 코펜하겐의 이 호텔에—이렇게 급하게—모이게 된 거였다. 수상 소감에서 처칠 클럽 이야기를 할 예정은 없었지만 그래도 처칠은 소

감 발표 직전의 영예로운 퍼레이드에서, 마치 순시 중인 장군이 그러하 듯이 우리를 부각시키면서 인사를 나누고 싶어 했다.

그 중대한 순간이 왔을 때, 내가 자리에 없었음을 고백해야겠다. 나는 퍼레이드를 놓쳤다. 무리와 떨어져 있다가 실수로 다른 홀로 이어지는—처칠과 그 부인과 고위직들이 들어서야 할—문으로 나가는 바람에 그렇게 됐다. 홀로 들어서는 순간, 나는 처칠과 2미터밖에 떨어져 있지 않았다. 우리의 눈이 마주쳤다. 마치 친구의 짓궂은 눈을 들여다보는 것 같았다. 그 눈이 윙크하듯 내게 "나에 대한 소문을 전부 믿지는 말라고." 하고 말하고 있었다.

옆에 있던 수행원이 내게 살짝 숙이며 인사하더니 얘기했다.

"초청장 확인 부탁드립니다."

나는 주머니에서 초청장을 꺼내 그에게 보여 주었다. 아직 초청장을 읽지 않아서 뭐라고 쓰여 있는지 몰랐다. 그는 카드를 돌려주더니 나를 특별 VIP석으로 안내했다. 내 옆에는 왕가를 대표해 크누드 왕자가 앉았다. 오른쪽에는 덴마크 육해공군의 지휘자인 에르하르 J. C. 크비스트고르Erhard J. C. Quistgaard 제독이 앉았다.

수상 소감을 발표하는 처칠을 비추기 위해 조명이 아래로 향하자, 나는 주머니에서 초청장을 꺼내서 대체 거기에 뭐라고 쓰여 있기에 이런 대단한 자리에 나를 앉혔나 하고 들여다보았다.

단순한 명함같이 생긴 카드였다. 내 이름 밑에 직함이 쓰여 있었다. 나를 덴마크 감옥에 2년간 묶어 둔 바로 그 직함이었다. 그로 인해 로

붓과도 같은 간수들은 나를 하나의 번호로 축소하려 했다. 덴마크의 가장 암울한 시기, 수천 개의 거실과 부엌과 작업장에서 욕을 먹기도 하고 칭송을 받기도 한 그것. 어린 소년이었던 내가 떠맡아, 남은 평생을 긍지와 함께 지고 갈 이름. 초청장에는 이렇게 쓰여 있었다.

크누드 페데르센
처칠 클럽 단원

1950년 처칠 클럽의 재회. 누가 누구인지를 크누드가 짚어 준다.
"서 있는 사람은 왼쪽부터 헬게 밀로, 옌스 페데르센, 에이길 아스트루프 프레데릭센. 크누드 페데르센, 모겐스 피엘레루프. 앉아 있는 사람들은 맨 왼쪽이 헤닝 옌센Henning Jensen(우리보다 나중에 체포되었으나 처칠 클럽과 같은 구역에서 수감 생활을 한 '덴마크 자유 연합'의 일원)이고, 그 옆은 유일하게 기억이 안 나는 사람이다. 그 역시 덴마크 자유 연합의 일원이었다. 계속해서 옆으로 모겐스 톰센, 방 옌센Vagn Jensen(헤닝의 동생이자 자유 연합의 일원), 우페 다르케트이다. 1950년에 수도원 정원에서 찍은 사진이다."

이후의 시간들

덴마크 해방 이후 몇 년이 흘렀고, 수감 생활, 전쟁, 사보타주 활동은 처칠 클럽과 RAF 클럽의 많은 이들에게 다양한 방식으로 평생 지워지지 않을 흔적을 남겼다. 그들 중 몇몇에게 어떤 일들이 일어났는지를 알린다.

처칠 클럽의 성당 학교 학생들과 어린 단원들

크누드 페데르센은 종전 이후 잠시 신문기자로 일하면서 로스쿨에 다녔고, 미술에 헌신하기 전까지 영화사에서도 잠시 일했다. 1957년 크누드는 부자든 가난한 사람이든 누구나 쉽게 미술을 접할 수 있도록 원화를 3주 동안 대여해 주는 세계 최초의 회화 대여 도서관을 코펜하겐 성 니콜라우스 교회에 열었다. 크누드가 2012년 인터뷰 중에 자랑스럽게 말하기를, 초창기 대여료는 담배 한 갑 값이었다고 한다. 회화 도서관은 여전히 코펜하겐의 중요한 자산으로서 존재한다.

크누드가 직접 그린 그림들은 뉴욕 현대미술관과 런던 테이트 모던 미술관에 전시돼 있다. 그 외에도 많은 미술관이 그의 작품을 소장하고 있는데, 플럭서스 미술 운동과 관련한 작업은 덴마크 주립 미술관이 소장하고 있다. 크누드와 그의 아내 보딜 리스케르Bodil Riskær는 덴마크에 유럽 영화 학교를 설립하여 영화계에서 국제적인 성공을 거두었다.

필립 후즈의 개인적인 기록

나와 함께 이 책 작업을 시작했을 때 크누드는 팔십대였다. 처음에는 건강했지만, 그래도 우리에게 남은 시간이 얼마나 될지 알 수 없으니 빨리 진행하는 편이 낫다는 생각이 늘 들었다. 우리는 매일, 심지어 주말에도 이메일로 의견을 교환했다. 나는 메인 주에 있는 내 작업실에서 쓴 초고들을 보냈고, 크누드는 코펜하겐에 있는 그의 회화 도서관에서 답신을 보냈다.

2013년 크리스마스 직후, 크누드로부터 일주일간 답신이 없었다. 전에 없던 일이라 불길했다. 나는 이메일을 보내고 또 보냈지만 답이 없었다. 마침내 2014년 1월 3일, 크누드가 병원 침대에서 메시지를 보냈다. 그는 폐렴으로 거의 죽을 뻔했다고 했다. 죽음이 그의 방에 들어와 있는 걸 거의 느낄 수 있을 정도였다고 썼다. "그림자 하나가 내 주위를 부드럽게 오가는 걸 느꼈어요. 결정타를 가하기에 좋은 곳을 찾듯이…… 나는 당신과의 일이 아직 마무리되지 않았으니 기다려 달라고 말했지요. 우리 일 덕분에 살아난 것 같아요. 이제 다시 싸워 나갈 만큼 건강해졌지요!"

그래서 우리는 싸워 나갔고, 2014년 늦가을에 책을 마쳤다. 크누드는 매우 기뻐했다. "책을 읽은 다음 가장 먼저 한 일은, 내 아이들과 손자손녀들에게 책을 보내는 일이었어요." 그리고 2014년 12월 초, 크누드는 또다시 일주일 동안 답신이 없었다. 12월 12일, 그는 병상에서 이렇게 보내왔다. "체중이 엄청나게 줄고 있고, 입맛도 기력도 전혀 없"다고.

몇 가지 검사를 거친 뒤, 아리송해진 의사들은 크누드를 위해 전신 스캔을 준비했다. 좁은 통에 들어간다는 생각에 크누드는 질겁했다. 뉘보르 수감 생활 때문에 폐소공포증이 생긴 것이다. 평생 동안 그는 비행기도, 심지어 엘리베이터도 타려 하지 않았다. "의사들이 내가 쇠약해져 간다고 하네요." 크누드는 내가 받은 마지막 답신 중 하나에 이렇게 썼다. "하지만 인간이 상상하기에 가장 잔인한 시대를 89년이나 살아온 사람이 약해져 봐야 얼마나 약해졌겠어요. 곧 소식 전할게요."

처칠 클럽의 주동자이자 덴마크 레지스탕스의 영웅이었고 2차 대전을 통틀어 가장 중요한 젊은이 중 하나였던 크누드 페데르센은 2014년 12월 18일 자정 직후에 세상을 떠났다. 그는 국가적 영웅으로 추앙받아 한스 크리스티안 안데르센, 쇠렌 키르케고르 같은 인물들이 잠들어 있는 코펜하겐의 아시스텐스 묘지에 묻혔다. 유족으로는 아내와 세 자녀 클라우스, 크리스티네, 라스무스가 있다.

옌스 페데르센은 뉘보르 주립 교도소에서 풀려나자 공학을 공부하기 위해 레지스탕스 활동을 그만둔 뛰어난 학생이었다. 졸업 후 그는 영국 회사에 건설 기술자로 취업했고, 인도로 가서 몇 군데 다리 건설을 감독했다. 하지만 인도에서의 생활은 불행했고, 그는 덴마크로 돌아와 자신이 공부했던 대학에서 강의를 했다. 건강이 점차 나빠졌고, 우울증과도 싸워야 했다. 1988년 폐암이 그의 목숨을 앗아 갔다. 동생인 크누드는 이렇게 회고했다. "그는 아주 불행한 나날을 살다가 병원에서 죽었다. 머리가 그렇게 좋으면서도 감옥 그리고/혹은 아마도 전쟁을 견디기가 너무나 힘들었던 게 죽음의 원인이었을 것이다." 옌스는 두 아들 고름과 라르스, 그리고 딸 카렌을 낳았다.

에이길 아스트루프 프레데릭센(종전 후에 폭스베르Foxberg로 성을 바꾸었다.)은 해방을 맞을 때, 다리가 부러져 독일이 운영하는 올보르의 병원에서 치료 중이었다. 풀려난 뒤에는 학교로 돌아갔으나 학업에 집중

하는 데 어려움을 겪었다. 다른 처칠 클럽 친구들처럼 그에게도 '감옥의 상처'가 있었다. 게슈타포가 등장하는 악몽이 그를 덮치곤 했다. 그는 우울해지고 멍해졌으며 불안해했다. 단기 기억상실증이 그를 괴롭혔다. 활동가들을 담당해 온 상담사에게 2년 동안 치료를 받은 끝에 건강을 되찾았다. 이후 토목 기사가 되어 착실히 일해 왔지만, 일생 동안 증상이 재발해 고통을 겪었다. 에이길은 2012년에 세상을 떠났다.

뵈르게 올렌도르프는 1942년 5월에 다른 소년들과 함께 체포되었지만 수감시키기엔 너무 어렸다. 당국은 뵈르게를 올보르로부터 멀리 떨어진 작은 마을의 소년원에 보냈다. 그는 곧 인파가 많이 오가는, 윌란과 푸넨 사이에 놓인 다리로 주의를 돌렸고, 폭파 계획을 세웠다. 하지만 뵈르게가 다리를 매일 방문하자, 이를 지켜보던 당국이 낌새를 챘다. 그는 여전히 교도소에 가기엔 어린 나이여서 당국은 그를 다시 놓아주었다. 전쟁 후, 그는 작은 종교 운동의 지도자가 되었고, 열두 아이의 아버지가 되었다.

모겐스 피엘레루프, 일명 '교수'는 대학에서 경제학을 공부하고 덴마크 제2의 도시인 오르후스의 시의회에서 일했다. 그는 결혼해서 아들 하나, 딸 하나를 두었다. 그의 딸 에바 피엘레루프는 세계적인 펜싱 선수가 되어 1996년 여름 올림픽에 출전했다. 모겐스 피엘레루프는 1991년에 세상을 떠났다.

헬게 밀로는 기술자가 되어 처음엔 노르웨이, 나중엔 덴마크 린되 조선소에서 일했다. 그는 1971년에 자기 회사를 차려 조선 업계에서 사업을 시작했다. 그의 아들은 이 글을 쓰는 시점에 58세가 되었고, 딸은 23세이다.

우페 다르케트는 소년 시절부터 모형 비행기에 열정을 불태웠는데, 조종사로 일하다가 마침내 스칸디나비아 항공사에서 대륙을 오가는 기장이 되었다. 그는 60세에 은퇴해 2013년에 세상을 떠났다.

모겐스 톰센은 덴마크에서 가장 큰 은행의 관리자가 되었다. 그는 한 곳에서 특정 품목(외환이나 금)을 사서 곧바로 시가가 다른 곳에 더 비싸게 파는 차익 거래 전문가이다.

브뢰네르슬레브 출신인 처칠 클럽의 세 청년(성인 단원)

알프 호울베르와 카이 호울베르, 크누드 호른보는 처칠 클럽에서 유일하게 해방이 다가오는 시점까지 감옥에 수감돼 있었다. 가짜 창살을 통해 드나들며 올보르에서 사보타주를 저지른 죄로 독일 군사재판을 받고 독일에 수감되었다.

독일과 덴마크 사이에 수많은 정치적 언쟁이 오간 끝에 호울베르 형제는 덴마크의 호르센스 주립 교도소로 돌려보내졌고, 정치범을 수용하는 특수 구역에 수감됐다. 그곳에서는 전부 합해 열다섯 명의 정치범이 한 수감동 안에 격리돼 있었다.

1944년 크리스마스 직전, 교도소 목사가 알프와 다른 이들에게 탈옥을 제안했다. 그는 알프에게 비밀 계획을 전했다. 위험 부담이 컸지만 자유의 몸이 될 기회였다. 알프는 동료 죄수들을 모아 계획을 설명하면서, 자신은 이 계획에 전적으로 찬성한다고 말했다. 그들은 매일 독일로 이송될 위험을 안고 있었으며, 알프 자신은 독일 감옥을 충분히 겪은 뒤였다. 하지만 무리의 절반을 차지하는 공산주의자 죄수들은 그 계획을 불신했다. 수감자 중 열네 명이 투표했고, 표는 딱 절반인 7대 7로 나뉘었다.

죄수들은 여러 각도에서 다시 투표를 진행했으나 결과는 같았다. 드디어 토론 중에 감방을 떠나 있던 열다섯 번째 죄수가 돌아왔다. 알프는 결정적인 투표를 그 노인에게 맡겼다. 그는 이렇게 말했다. 그가 죽고 싶은 방식은 그런 게 아니라고. 그는 불참 쪽에 표를 던졌다.

어쩔 수 없이 목사에게 결과를 알려야 했던 알프는 깊이 상심했고, 찬성표를 던진 다른 이들도 마찬가지였다. 그들은 목사에게 그들 단독으로라도 움직이겠다고 말했다. 알프는 자신이 언젠가부터 탈출을 준비해 왔음을 밝혔다. 나무로 가짜 권총을 깎아 두었는데, 검은색으로 페인트칠을 해서 보기에도 감쪽같았다. 1944년의 마지막 날을 하루 앞두고 교도소 목사는 알프에게 진짜 권총을 주면서 계획을 알렸다. 오후 2시 44분이면 자네들은 오후 산책을 하느라 마당에 있겠지. 마당 벽에 사다리를 놓는 소리가 들리면 그리로 뛰게. 그게 유일한 신호일세. 벽 맞은편에서 넘어올 사다리를 찾아내는 건 자네들 손에 달렸네. 담을 넘으면, 차로 데려다줄 동료들이 기다리고 있을 거야. 성공을 비네.

그들은 2시 30분에 밖으로 나왔다. 2시 44분, 담 너머에 트럭 한 대가 나타났다. 두 남자가 담 안쪽으로 사다리를 넘겼다. 알프는 경비병 세 사람 중 두 명에게 권총을 겨누며 사다리 쪽으로 다가갔다. 전직 권투 선수였던 죄수 하나가 경보를 울리려던 다른 경비병의 목을 조르며 막았다.

일곱 죄수는 담을 넘어 맞은편에서 자유를 얻었다. 전부 해서 3분 30초밖에 걸리지 않았다.

레지스탕스 지도자들은 탈옥자들을 윌란의 각기 다른 곳으로 보냈다. 알프는 라네르스에서 레지스탕스와 접촉해 보고했다. 그는 탈출자들과 그들의 접선자들 사이에서 배달원 역할을 했다. 그들 대부분은 스웨덴으로 가고 싶어 했다. 알프는 이 나라에 남기로 했다. 스웨덴으로 가 버릴 거라면 뭣 때문에 덴마크의 자유를 위해 일하겠는가, 하는 생각에서였다. 그는 라네르스 레지스탕스의 서열 2위가 되어 독일 선박 두 척을 가라앉히는 데 참여했다.

전쟁이 끝난 뒤 알프는 신분증에 쓰이는 플라스틱 코팅 용지를 제작하는 일을 했다. 심장마비가 연이어 찾아와 몸이 마비되었다. 일상 활동이 어려워지자 다음번 발작 때는 살아남지 못할까 봐 걱정이 되었다. 그래서 그는 휠체어를 이끌고 코펜하겐에 있는 레지스탕스 박물관을 찾아가 처칠 클럽 컬렉션에 나무로 조각한 가짜 권총을 기증했다. 그러고는 집으로 돌아가 스스로 목숨을 끊었다.

처칠 클럽 최연장자였던 카이 호울베르는 젊은 나이에 죽었다. 크누드 호른보는 미국으로 이민하여 미국 시민권자가 되었다.

RAF 클럽

크누드 헤델룬(오덴세의 작은 크누드)은 사보타주 행위로 체포당해 오덴세 교도소에서 6개월을 살았다. 전쟁 후, 그는 영국군에 자원하여 인도에서 몇 년을 보냈다. 그는 그곳에서 젊은 나이에 세상을 떠났다.

하랄 홀름은 종전 후 영국군에 입대해 서독으로 발령받았다. 거기서 그는 이상 행동을 보이기 시작했다. 평화를 영원히 고착시켜야 한다는 생각에 영국군 탄약고 재고품을 파괴하기 시작했고, 그로 인해 그는 정신병원에 입원했다. 크누드가 그를 문병하러 갔을 때는 나치 부역자와 같은 방을 쓰고 있었다. 크누드는 이 사실을 알고 둘을 떼어놓았다.

한스 예르겐 안데르센은 독일 감방에서 세상을 떠났다. 그는 사람을 너무 많이 몰아넣은, 병이 들끓는 수용소에 감금되었는데 그곳 죄수들은 일을 하다가 죽어 나갔다. 한스 예르겐의 사망 증명서를 보면, 화가로 기록되어 있으며 폐렴으로 사망했음을 알 수 있다.

오를라 모르텐센도 마찬가지로 독일에서 수감 중에 죽었다. 정확한 사망 원인은 알려지지 않았다. 연합군이 폭격한 작은 독일 도시에서 그와 다른 재소자들이 철도 시설을 청소하던 중에 그렇게 되었다고 한다.

다른 RAF 클럽 단원들은 대부분 붙잡혀 당국에 의해 코펜하겐의 서부 교도소로 보내졌다가, 정치범과 저항운동가들을 수감하는 특별 구역으로 갔다. 아마도 그곳은 독일과 덴마크 국경에 위치한 프뢰슬레브 수용소였을 텐데, 이곳은 독일로 가기 전 마지막 종착지였다.

페데르센 가족과 친구들

에드바르와 마르그레테 페데르센은 크누드와 옌스의 부모로, 올보르에서 코펜하겐으로 이사했다. 페데르센 목사는 그곳에서 은퇴했고, 74세를 일기로 사망했다. 마르그레테는 94세까지 살았다.

게르트루드 페데르센은 크누드와 옌스의 여동생으로, 남아프리카의 덴마크 영사관에서 일했다. 남편이 죽은 뒤엔 친구인 퍼트리샤 비비와 가까이 살기 위해 영국 바스로 이사했다. 게르트루드는 70세까지 살았다.

퍼트리샤 비비는 오늘날까지 페데르센 가의 친구로 남았으며, 나중에 영국인 존 무어 히스John Moore Heath와 결혼했다. 그녀의 남편은 칠레 주

1950년 수도원 정원에서 찍은 페데르센 가의 가족사진. 뒷줄에 서 있는 사람은 왼쪽부터 옌스, 크누드, 게르
트루드, 예르겐이고, 앞줄 왼쪽부터 가장 어린 동생 홀게르, 그 옆이 어머니와 아버지이다.

재 영국 대사가 되었고, 그녀는 자녀들과 함께 영국과 멕시코를 오가며 살고 있다. 크누드는 죽기 직전에 "팻과 나는 여전히 평생의 친구이지요."라고 말했다.

그레테 뢰르베크는 크누드의 수감 시절 환상 속 연인으로, 대학에 진학해 공학 디자인 교육을 받았다.

올보르 성당 학교(덴마크어로 Aalborg Katedralskole)에서는 여전히 학생들을 가르치고 있다. 이곳은 북윌란 지역에서 가장 오래된 대학 예비 학교다. 사료에 의하면 이곳은 1540년경에 설립되었다고 한다. 그 시절 학교는 수도원 부속 건물에 위치해 있었는데, 이곳은 훗날 처칠 클럽의 본부가 된 곳이다. 올보르 성당 학교는 몇 차례 재건축되고 증축되었는데, 특히나 1903년에 처음으로 여학생을 받아들이면서 크게 공사를 했다. 현재는 교사 약 80명과 학생 700여 명이 있다.

1943년 『트루 코믹스』에 실린 처칠 클럽 이야기의 첫 페이지(184쪽 참조)

엄선한 참고 자료

나는 이 책을 쓰면서 많은 웹사이트와 기사와 책을 참조했다. 일부 자료는 덴마크어였는데, 번역 소프트웨어 응용 프로그램과 전문 번역가의 도움을 받아 영어로 옮겼다. 아래 목록은 가장 도움이 되었던 자료들이다.

• 책

피터 애커먼, 잭 듀발. 『더 강력한 힘: 비폭력 투쟁의 세기』
　　Ackerman, Peter, and Jack Duvall. *A Force More Powerful: A Century of Non-Violent Conflict* (New York: Palgrave Macmillan, 2000).
　　20세기 여러 나라의 민중이 독재자를 타도하고 침략자를 저지하며 인권을 보호하기 위해 비폭력 투쟁을 사용한 방식을 소개한다.
수전 캠벨 바톨레티. 『히틀러의 아이들: 히틀러의 그늘 아래서 자라다』
　　Bartoletti, Susan Campbell. *Hitler Youth: Growing up in Hitler's Shadow* (New York: Scholastic, 2005).
　　나치 독일하의 공포 속에서 수백만의 소년 소녀들이 그들도 모르는 사이에 어떤 역할을 수행했는지를 설명한다.
데이비드 램피. 『히틀러의 사나운 카나리아: 제2차 세계대전에서의 덴마크 저항운동사』
　　Lampe, David. *Hitler's Savage Canary: A History of the Danish Resistance in World War II* (New York: Skyhorse Publishing, 2011).
　　덴마크 레지스탕스 운동에 관한 상세한 이야기를 담았다.
페테르 라우르센. 『에이길 폭스베르가 겪은 처칠 클럽』
　　Laursen, Peter. *Churchill-Klubben som Eigil Foxberg oplevede den* (자비 출판, 1987).

에이길의 처칠 클럽 회고담.

엘런 러바인. 『덴마크를 뒤덮은 어둠: 덴마크 레지스탕스와 유대인 구출 활동』

Levine, Ellen. *Darkness Over Denmark: The Danish Resistance and the Rescue of the Jews* (New York: Holiday House, 1986).

독일 점령기의 덴마크 레지스탕스 대원이었던 이들의 영웅적 면모와 덴마크 유대인 수천 명을 구출한 아슬아슬하고 극적인 사건을 중심으로 상세한 이야기를 담았다.

로이스 로리. 『별을 헤아리며』

Lowry, Lois. *Number the Stars* (Boston: Houghton Mifflin, 1989).

나치 치하 덴마크에서 유대인 친구를 숨겨 준 열 살 소녀의 이야기를 그린 명작 소설.

크누드 페데르센. 『처칠 클럽에 관한 책: 덴마크 최초의 레지스탕스 모임』

Pedersen, Knud. *Bogen om Churchill-klubben: Danmarks Første Modstands gruppe* (Copenhagen, Denmark: Lindhardt og Ringhof, 2013).

크누드 페데르센의 이야기는 1945년 폴 브래너Poul Branner에 의해 가장 먼저 출간되었는데, 현재 그 책은 개정 증보판으로 만날 수 있다.

페테르 H. 트베스코브. 『점령당했으나 정복당하지 않았다: 제2차 세계대전의 독일 점령기에 덴마크에서 자란 이야기』

Tveskov, Peter H. *Conquered, Not Defeated: Growing up in Denmark During the German Occupation of World War II* (Central Point, Oregon: Hellgate Press, 2003).

페테르 트베스코브는 1940년 4월 독일이 덴마크를 침공했을 때 다섯 살이었다. 그는 역사적 사실과 유년 시절의 생생한 기억을 결합한 덴마크 저항운동사를 들려준다.

에미 워너. 『품위를 지키려는 모의: 제2차 세계대전 중 덴마크 유대인 구출 작전』

Werner, Emmy. *A Conspiracy of Decency: The Rescue of the Danish Jews During World War II* (New York: Basic Books, 2009).

여러 나라 사람들이 행한 선의의 활동을 목격한 이들이 생생하게 증언한 내용을 담은 책. 덴마크 유대인들에게 강제 이송이 임박했다고 미리 알려 준 독일인 게오르크 F. 두크비츠Georg F. Duckwitz, 그리고 유대인들을 숨겨 주고 배에 실어 스웨덴으로 보낸 덴마크인들의 이야기가 실려 있다.

• 기사

에이길 투네 야콥센. 「1942년, 누가—무엇을—언제?」
　　Jacobsen, Eigil Thune. "Who—What—When 1942?" (Copenhagen, Denmark:
　　Politken Publishers, 1941).
핀 팔름스트뢰, 롤프 토르게르센. 「노르웨이에 대한 독일의 범죄행위 예비 보고」
　　Palmstrom, Finn, and Rolf Torgersen. "Preliminary Report on Germany's Crimes
　　Against Norway"
　　1945년 오슬로에서 왕립 노르웨이 정부가 국제 군사재판소를 위해 준비한 문서. 코넬
　　대학의 도노반 뉘른베르크 재판 컬렉션(ebooks.library.cornell.edu/cgi/t/text/text-
　　idx?page=simple;c=nur)에서 'Crimes against Norway'로 검색해도 찾을 수 있다.

• 웹 사이트

www.aalkat-gym.dk
　　올보르 성당 학교의 웹 사이트. 영어 번역으로 볼 수 있으며, 처칠 클럽에 관한 문
　　헌이 실려 있다. 특히 9번 항목(http://www.aalkat-gym.dk/om-skolen/skolens-
　　historie/churchill-klubben-og-besaettelsen/churchill-9/)을 참조할 것.
www.kilroywashere.org/009-Pages/Eric/Eric.html
　　기자인 에리크 데이 폴센Erik Day Poulsen의 글. "1940년부터 1945년까지 점령당한 덴
　　마크에서의 삶에 대한 몇몇 개인적인 기록"으로 독자를 이끈다. 폴센은 전쟁 다음 세
　　대로 올보르에서 자라 성당 학교를 다녔다. 그는 개인사에 관한 훌륭한 글을 써서 처칠
　　클럽에게 헌정했다.
http://en.natmus.dk/museums/the-museum-of-danish-resistance-1940-1945/
　　코펜하겐에 위치한 덴마크 레지스탕스 1940~1945 박물관으로 연결되는 주소다. 박물
　　관 건물은 2013년 화재로 소실되었지만 소장품들은 무사히 구해 냈고 새 장소에서 계
　　속 전시하고 있다. 박물관은 2018년 재개장할 예정이다.

- TV 시리즈

「마타도르」Matador는 에리크 발링Erik Balling이 연출한 24부작 덴마크 TV 시리즈로, 원래 1978~1982년 사이에 제작, 방송되었다. 가공의 덴마크 마을 코르스베크를 배경으로 1929년부터 1947년까지 라이벌 가문들의 이야기에 초점을 맞췄다. 이 TV 시리즈는 덴마크 시청자들을 완전히 사로잡아 처음 방영된 이래 여섯 번이나 전체 재방영했다. 드라마는 경제 대공황기로부터 시작하여 2차 대전 나치 점령기에 이르기까지 덴마크 사회의 격동을 빼어나게 그렸다.

- 음성 자료

BBC 방송의 덴마크 해방 선언은 www.youtube.com/watch?v=78pDhZb8hZo에서 들을 수 있다.

www.youtube.com/watch?v=zKSj_zOfOw8*에서는 크누드가 오덴세와 올보르에서 들었을 법한 독일 행진곡들을 한 시간 넘게 들을 수 있다.

---

* 이 링크는 현재 재생되지 않아, 비슷한 링크를 대신 적어 둔다.
  www.youtube.com/watch?v=Mqdc7y7_w3k

주석

1인칭으로 쓰인 크누드 페데르센의 목소리는 개인적인 인터뷰와 이메일에서 따왔다. 크누드와 나는 2012년 10월 7일부터 14일 사이에 코펜하겐의 회화 도서관에 있는 크누드의 사무실에서 인터뷰를 녹음했다. 우리는 모두 합해 거의 스물다섯 시간 동안 이야기를 나누었고, 이를 원고로 옮기니 몇백 장이 되었다.

미국으로 돌아온 후엔 이메일로 크누드와 연락했다. 6,500킬로미터 가까이 떨어져 있었지만, 보통 동부 낮 시간으로 3시나 4시에 내가 질문을 보내면—코펜하겐은 아침 9시였는데—그는 대개 다음 날 아침 내가 컴퓨터를 켜기 전까지 답신을 보내왔다. 책을 더 심도 있게 진행해 가면서 내 질문은 좀 더 명확해졌고, 크누드의 대답도 더 많은 걸 드러냈다. 말이 안 된다 싶은 부분이 있을 때는 70년 전에 일어난 사건의 살아 있는 주인공에게 바로 물어볼 수 있는 호사도 누렸다. 예를 들면 이렇다.

나: 비행기 부품이 가득 실린 열차 차량에 불을 붙일 때 마그네슘 '접시'를 썼다고 하셨는데요. '접시'라는 게 뭔지, 어떻게 작동하는지 이해가 잘 안 되네요. 좀 자세히 말씀해 주실래요?
크누드: 디스크 자체가 마그네슘으로 제작된 거예요. 성냥으로 불을 붙일 수 있죠. 폭발은 하지 않아요. 하지만 엄청나게 밝은 불꽃을 내면서 타오르죠.

2년이라는 작업 기간 동안 우리는 거의 1,000통의 이메일을 교환했다.

3차 정보원은 크누드가 펴낸 글이었다. 세상을 떠나기 전, 크누드는 당시 생존하는 처칠 클럽 단원 단 두 사람 중 한 명이었다. 나머지 한 사람은 성당 학교 반 친구인 헬게 밀로였다. 크누드는 초창기부터 처칠 클럽의 주요 대변자였다. 1945년 5월 덴마크가 독일로부터 해방된 직후 어느 출판사 사장이 그 유명한 처칠 클럽의 실제 이야기를 책으로 상세히 펴낼 기회를 달라고 크누드의 아버지를 찾아왔다.

에드바르 페데르센은 그 제안을 크누드에게 넘겼고, 크누드는 클럽의 다른 친구들(대학에 다니느라 멀리 가 있던 옌스를 제외하고)에게 이 사실을 알렸다. 그가 물었다.

"이게 우리가 하고 싶은 일 맞나? 만약 한다면 어떻게 시작해야 하지?"

해야 할 가치가 있는 일이라는 데는 다들 대체로 동의했다. 각자 한 장씩 써 오기로 굳게 맹세하고, 2주 후에 만났을 때는 써 온 걸 친구들 앞에서 소리 내어 읽기로 했다. 하지만 다시 모였을 때 뭔가 써 온 사람은 크누드뿐이었다. 크누드는 그걸 소리 내어 읽고 박수를 받았다. 친구들이 말했다.

"그냥 네가 다 쓰는 게 어때!"

그래서 그는 그렇게 했다.

에드바르 페데르센은 비서를 고용해 아들이 완성한 원고를 타자하라고 했는데, 출간 직전 그 비서는 크누드와 친구들이 모르는 사이에 욕설이 나오는 부분을 전부 삭제해 버렸다. 1945년 『처칠 클럽에 관한 책』이라는 제목으로 덴마크어 책이 처음 나왔을 때, 이 사실을 안 처칠 클럽 친구들은 잔뜩 화가 났다. 몇 년 후, 이 책은 크누드가 개정하여 몇몇 다른 출판사에서 출간됐다.

크누드는 경찰 기록과 군 자료를 출간해 이야기에 신빙성을 더했다. 그는 끈기 있고 창의적인 조사원이 되었다. 사진과 신문 기사를 뒤져 처칠 클럽의 선구적 역할에 관한 반박의 여지가 없는 기록들을 찾아냈다. 독일과 덴마크 당국 사이에 오간 내무부 서신들, 교도소 서류들, 신문 기사를 발굴해 냈다. 놀라울 정도로 풍부한 이미지 자료도 수집했다. 만화, 사진, 머리기사 표제 같은 것들이었다. 그는 나에게 이 자료들을 제공하며 자유롭게 사용하라고 했고, 그중에서도 가장 귀중한 것들을 걸러 내는 작업을 도왔는데, 이 보물들이 몽땅 덴마크어로 돼 있기 때문이었다.

이 모든 얘기는 결국 이 책에 쓰인 풍부한 자료의 원천이 단연코 크누드 페데르센임을 밝히기 위한 것이다. 코펜하겐에서 일주일 동안 진행한 인터뷰, 우리가 교환한 수백 통의 이메일, 그가 아주 오래전에 덴마크어로 쓴 책들의 번역물. 이 자료들이 '나'라는 행운의 작가가 끌어내야 했던 1차 자료들이다.

덧붙이자면, 처칠 클럽 일원인 에이길 아스트루프 프레데릭센(훗날 성을 폭스베르로 바꾼)도 1987년에 처칠 클럽에서 자신이 겪은 일들을 이야기한 덴마크어 책을 냈는데, 제목을 번역하면 『에이길 폭스베르가 겪은 처칠 클럽』이다. 이 책은 뉘보르 주립 교도소에서의 소년들의 수감 생활을 묘사하는 데 특히 도움이 되었다. 헬게 밀로와 모겐스 피엘레루프의 이야기 역시 이 책에 실린 부분을 간략히 인용했다.

퍼트리샤 비비 히스는 크누드가 석방된 뒤 특별한 우정을 맺은 친구로, 2014년 4월 26일에 한 시간이 조금 넘게 전화 인터뷰에 응해 주었다.

여기에 덧붙인 주석은 크누드 페데르센의 자료를 보충하기 위해 사용된 정보의 출처이다. 약자로 표시된 출처는 '참고 자료'에 명기한 자료들을 언급하고 있다.

1. 알린다!

- 베저위붕 작전(21쪽): 1940년 4월 9일 독일의 덴마크와 노르웨이 침공에 대해 더 자세히 알고 싶으면 www.nuav.net/weserubung2.html을 참조하라. http://ww2db.com/battle_spec.php?battle_id=93에서 읽을 수 있는 C. 피터 챈Peter Chen의 기사 "1940년 4월 9일에서 6월 10일까지 덴마크와 노르웨이 침공"Invasion of Denmark and Norway, 9 Apr 1940–10 June 1940에서는 베저위붕 작전의 시간별 진행을 꼼꼼히 살필 수 있고, 50여 장이 넘는 사진도 볼 수 있다.
- 노르웨이 침공 (24쪽): 독일의 노르웨이 침공과 노르웨이의 대응에 관한 상세한 이야기는 위키피디아 사이트의 '노르웨이 작전' 항목(http://en.wikipedia.org/wiki/Norwegian_Campaign)에서 읽을 수 있다.

2. 자전거 탄 소년들

- 독일군에게 목숨을 잃은 노르웨이 민간인들 이야기 (28쪽): 팔름스트롬 대령과 토르게르센이 쓴 「노르웨이에 대한 독일의 범죄행위 예비 보고」 참조.
- 히틀러 유겐트(30쪽) : 바톨레티의 『히틀러의 아이들: 히틀러의 그늘 아래서 자라다』 참조.

- RAF(32쪽): 유언 맥그리거Ewan McGregor와 콜린 맥그리거Colin McGregor가 내 레이션을 한 다큐멘터리 영화 「브리튼 전투」The Battle of Britain(Toronto : BFS Entertainment, 2011) 참조. DVD로도 구할 수 있다.
- 히틀러와 자전거(34쪽): 닐스 비르게르 다니엘센Niels-Birger Danielsen의 『베르너 베스트』Werner Best(Copenhagen : Politikens Forlag, 2013), 274~275쪽.

3. 처칠 클럽

- 올보르 공항이 왜 그렇게 중요했나(39쪽): 전쟁 기간 동안 공항은 어마어마하게 확장되었다. 200명이 넘는 농부가 이전해야 했고 비행장에 인접한 그들의 농장은 독일 소유가 되었다. 독일군은 격납고, 수리 창고, 지휘 본부를 급히 세우고 헛간과 농가로 위장했다. 독일 군의 노르웨이 공격이 극에 달할 때는 각종 비행기가 150대나 있었는데, 대부분 급강하 폭격기 슈투카로, 올보르 공항에서 출격해 노르웨이 목표 지점을 공격했다. 또한 이 비행기들은 올보르 부두를 따라 기항한 잠수함들과, 노르웨이와 북독일을 오가는 독일 선박들을 보호하는 데 쓰였다. 올보르 공항 및 프로데 수르Frode Suhr라는 또 다른 젊은 레지스탕스 활동가의 사보타주에 관한 정보를 보려면 라일 E. 데이비스Lyle E. Davis가 『더 페이퍼』The Paper에 쓴 기사 「스파이 만들기」The Making of a Spy(December 17, 2009) 참조. 이 사이트에서 볼 수 있다. http://www.thecommunitypaper.com/archive/2009/12_17/index.php
- 성령 수도원(40쪽): http://en.wikipedia.org/wiki/Hospital_of_the_Holy_Ghost,_Aalborg 참조.
- 올보르 성당 학교(42쪽): 처칠 클럽 멤버 중 여섯 명이 공부한 이곳은 처칠 클럽에 관한 정보가 포함된 좋은 웹 사이트를 운영하고 있다. www.aalkat-gym.dk

4 숨 쉬는 법 배우기

- 덴마크 전통 민요…… '왕의 휘장'(55쪽): 애커먼과 듀발의 『더 강력한 힘』 참조.
- 림피오렌 다리(58쪽): 올보르와 이웃 도시 뇌레순뷔는 림피오렌이라는 이름의 피오르(깎아지른 양옆이나 절벽으로 이루어진 길고 좁으며 물이 들어찬 작은 만. 빙하 침식으로 생겨났다.)로 나뉘어 있다. 전쟁 동안 두 도시는 다리와 기차 철교로 연결되었다. 뇌레순뷔 방향에 있는 올보르 비행장이 전략적으로 중요했기 때문에 무장한 독일군 보초가 다리 양쪽에 접근하는 사람들을 철저히 감시했다. 항로에 관한 더 자세한 정보는 림피오렌 박물관 사이트 www.limfjordsmuseet.dk 참조.

5. 레지스탕스의 불꽃

- 마리 앙투아네트가 썼던 암호 체계와 같다(69쪽): 한스 에르겐 안데르센과 옌스 페데르센은 올보르의 처칠 클럽과 오덴세의 RAF 클럽 사이에 민감한 메시지를 주고받기 위해 암호를 이용했다. 이 암호 체계는 마리 앙투아네트와 그녀의 친구인 스웨덴의 악셀 폰 페르센Axel von Fersen 백작이 프랑스 혁명기에 비밀 교신에 사용한 것으로 유명하다. 더 자세한 내용과 암호가 실제로 어떻게 사용되는지를 보고 싶으면 http://cryptiana.web.fc2.com/code/fersen.htm 참조. 악셀 폰 페르센 백작과 마리 앙투아네트에 관한 배경은 http://en.chateauversailles.fr/history/court-people/louis-xv-time/louis-xv 참조.

7. 무기, 무기, 무기

- 동부전선(83쪽): 1942년 8월, 히틀러의 거대한 제6군과 러시아 군대는 러시아의 도시 스탈린그라드에서 동부전선의 핵심이자 제2차 세계대전의 전환점이 된 전투를 벌였다. 5개월이 넘는 잔인한 싸움에서 러시아가 스탈린그라드를 사수하고 그들의 숙적인 나치를 상대로 전세를 역전했다. 이 잔인한 전투에 관한 웹 사이트 자료는 매우 다양하다. 책으로는 앤서니 비버Anthony Beevor가 쓴 『스탈린그라드: 운명의 포위전, 1942~1943』 *Stalingrad: The Fateful Siege, 1942-1943*(New York: Viking, 1998)이 뛰어나다.
- 크리스티네(88쪽): 올보르 시내에 위치했던 세련된 빵집이자 단것을 좋아하는 나치 장교들이 애호한 이곳의 사랑스러운 사진과 호화로운 기념품은 https://www.facebook.com/media/set/?set=a.205034729522481.61915.203935242965763&type=1 참조.

12. 수감된 소년들

- 교장인 키엘 갈스테르(132쪽): 키엘 갈스테르. 『점령기의 올보르 성당 학교』*Aalborg Cathedral School During the Occupation*(Aalborg, Denmark: 1945) 참조.
- 몇몇 학생이 자리를 박차고 일어나……(132쪽): 성당 학교 웹 사이트의 처칠 클럽에 관한 정보, 특히 9항 (http://www.aalkat-gym.dk/om-skolen/skolens-historie/churchill-klubben-og-besaettelsen/churchill-9/)을 참조.
- 카이 뭉크(141쪽): 덴마크의 가장 저명한 극작가이자 처칠 클럽의 가장 유명한 지원자인 그의 삶과 활동에 관한 더 많은 정보는 http://www.kirjasto.sci.fi/kajmunk.htm 참조.

13. 가짜 창살

- 나치는…… 스웨덴을 중립국으로 내버려 두었다.
  (148쪽): 독일이 왜 스웨덴을 침공하지 않고 공식적으
  로 '중립국' 상태가 되도록 허락했는가에 관한 좋은 논
  의는 http://en.wikipedia.org/wiki/Sweden_during_
  World_War_II 참조.
- 히틀러와 그의 심복들에 관한 갖가지 노래(155쪽): 제2차 세계대전 동안 수백 곡이
  넘는 반나치 노래들이 존재했는데, 많은 수가 외설적인 내용이었다. '빅 포'Big four라
  고 불리는 나치 지도자 히틀러, 괴벨스, 힘러, 괴링을 조롱하는 노래도 있었다. 제2차
  세계대전 당시의 노래를 더 많이 접하고 싶으면 http://www.fordham.edu/halsall/
  mod/ww2-music-uk.asp 참조.

15. 죄수 번호 28번

- "친구들이 보고 싶었다."(168쪽): 라우르센의 『에이길
  폭스베르가 겪은 처칠 클럽』 46쪽 참조.
- "그의 목소리는 매우 미안해하는 듯 들렸다."(174쪽):
  위의 책, 56~57쪽.
- 전보 위기(174쪽): 애커먼과 듀발의 『더 강력한 힘』
  218쪽.
- 1943년 8월 29일(181쪽): 위의 책, 221쪽.
- 덴마크에 있어 일종의 전환점(181쪽): 애커먼과 듀발의 『더 강력한 힘』 230쪽, 엘런
  러바인의 『덴마크를 뒤덮은 어둠』과 트베스코브의 『점령당했으나 정복당하지 않았다』
  참조.
- 덴마크 유대인 구출 작전(182쪽): 덴마크 유대인들의 안전을 위해 그들을 재빨리 보트
  에 태워 스웨덴으로 보낸 일은 전쟁 중에 덴마크가 기록한 가장 생산적인 순간이었다.
  많은 이야기들이 책으로 남았다. 특히 엘런 러바인의 『덴마크를 뒤덮은 어둠』, 애커먼

과 듀발의 『더 강력한 힘』 222쪽, 로리의 『별을 헤아리며』를 참조할 것.

16. 자유의 첫 순간들

- 그 공장은 RAF 클럽의 분명한 목표물이 되었다.
  (187쪽): 네스뷔 공장 방화가 누구 책임인가에 대해서
  는 두 가지 설이 있다. 하나는 이 책에 나왔듯이 크누드
  와 옌스가 오덴세에 있는 크누드 헤델룬의 집에서 열린
  파티에서 들은 그대로이다. 두 번째 설은 오덴세에서
  일한 공산주의 사보타주 활동가의 기록으로부터 나왔다. 레지스탕스 운동이 조직화되
  고 덴마크 전역에 퍼지면서 활동가들은 RAF 클럽 단원들을 조직으로 불러들이려고 했
  다. 그들이 어리긴 했어도 사보타주 경험이 많았기 때문이었다. 'P 그룹'이라고 알려진
  공산주의자 빨치산 조직은 특히나 끈질겼다. 하지만 RAF 클럽은 다른 사람, 특히나 소
  련으로부터 지령을 받을 생각이 전혀 없었다. RAF 클럽이 공산주의자들의 제안을 거
  절하면서 사이가 나빠졌다.
  두 조직은 화재가 일어난 날 밤, 공장에서 우연히 마주쳤다. 우연의 일치로, RAF 클럽
  과 공산주의자 P 그룹이 동시에 같은 공장에 불을 지르기로 마음먹은 것이다. 한스 예
  르겐 안데르센은 훗날 자신이 RAF 클럽 단원 셋과 함께 불을 질렀다고 보고했다. P 그
  룹의 두 조직원은 1995년에 어느 신문 기자에게 그건 사실이 아니며 공장에 불을 지른
  건 자신들이었다고 말했다.
  크누드 페데르센은 이렇게 썼다. "내가 생각하는 설은 이미 본문에 밝혔다. 다른 설 또
  한 주로 표시하는 게 공정할 거라고 생각한다."

17. 끝과 시작

- 퍼트리샤 비비는 크누드 페데르센을 만나고 싶어 했었다.(198쪽): 2014년 4월 26일
  저자와 퍼트리샤 비비의 인터뷰.

- SOE(201쪽): 크누드 J. V. 예스페르센Knud J. V.  Jespersen이 영어로 쓴 책『작지 않은 성취: SOE와 덴마크 레지스탕스 1940~1945』No Small Achievement: Special Operations Executive and the Danish Resistance 1940-1945(Copenhagen: University Press of Southern Denmark, 2002) 참조.
- "제 이름은 헬게 밀로입니다."(205쪽): 성당 학교 웹사이트의 www.aalkat-gym.dk/fileadmin/filer/import/Churchill/Kilder/kilde_16_og_17.pdf 참조.
- 에이길은 자신이 이미 제안을 받아들이고 있음을 깨달았다.(206쪽): 라우르센의 『에이길 폭스베르가 겪은 처칠 클럽』 참조.
- 크누드의 기상은 꺾였다.(208쪽): 2014년 4월 26일 퍼트리샤 비비와의 인터뷰.
- 게르트루드 페데르센, 퍼트리샤 비비, 그리고 잉게르 바드 한센—저항운동 기금 모금자(210쪽): 위의 인터뷰.
- 해방!(212쪽): 덴마크 해방에 관한 더 자세한 정보는 엘런 러바인의 『덴마크를 뒤덮은 어둠』 139~145쪽, 트베스코브의 『점령당했으나 정복당하지 않았다』 85~91쪽 참조.

* 옮긴이와 편집자가 본문에 덧붙인 내용은 작은 괄호로 묶어 표시했다.

감사의 말

덴마크어 문서를 영어로 옮겨 줄 번역자를 구해 준 페기 에이커스에게 감사드린다. 그녀가 찾아낸 가장 뛰어난 번역가는 96세인 그녀의 어머니 게르트루드 툭센으로, 몇십 쪽 분량을 영어로 옮겨 주었다. 린다 툭센의 뛰어난 번역에도 감사드린다.

구술 원고를 타자한 캐럴 셰이니즈, 그리고 크누드 페데르센과 내가 나눈 스물다섯 시간 분량의 녹음 인터뷰를 글로 옮긴 캐스런 그린로에게 감사드린다.

포틀랜드에 있는 브레이크워터 스쿨의 학생인 피비 타이스, 새뮤얼 케머러에게도 감사를 전한다. 그들은 책을 원고 형태로 꼼꼼히 읽고 폭넓은 소감을 남겼다. 그들을 찾아내 준 선생님 셰릴 하트에게도 감사드린다. 나와 내 노트북이 몇 차례 변화를 겪는 동안 우리를 지켜 준 기술자 딘 해리슨의 굉장한 기술 지원에 감사드린다. 큐리어스 시티 사의 마크 매토 덕분에 인터넷 문제로 버벅대던 위기를 극복할 수 있었다.

이 과제의 모든 측면을 함께한 아내 샌디 세인트 조지에게 감사드린다. 그녀는 한 장 한 장을 소리 내어 읽게 하고, 계속 의견을 보탰으며, 그러느라 책 내용 전체를 여러 번 귀로 들었다. 또한 이 책이 세상에 나왔을 때 나와 기쁨을 함께 나눴다. 나는 운이 좋은 남자다.

파라 스트로스 지루 출판사의 청소년팀과 맥밀런 어린이책 출판 그룹에서는, 또다시 훌륭한 디자인을 해 준 로버타 프레슬, 이 프로젝트를 믿고 지원한 사이먼 보턴에게 감사드린다. 내 편집자인 웨슬리 애덤스에게는 특별한 감사를 돌려야 한다. 창조적이고 통찰력 있으며 끊임없는 관심을 유지해 온 웨스는 책 내용에 대한 직관을 지니고 있었으며, 나의 문제 해결사였다.

전화로 급히 진행한 인터뷰에도 70년 전에 겪은 극적인 사건과 개인적인 경험을 친절하고 철저하게 공유해 준 퍼트리샤 비비 히스에게 감사드린다.

덴마크에서는 덴마크 레지스탕스 박물관 직원이 나를 크누드 페데르센에게 인도했으니, 그는 이 책의 기원이 된 셈이다. 닐스 귀르스팅은 페이지마다 생동감을 불어넣을 많은 그림과 이야기를 뒷받침할 문서를 제공하는 친절을 베풀었다. 카렌 닐센은 올보르의 자원을 발굴하는 데 도움을 주었다. 크누드의 딸 크리스티네 리스케르 포블센은 이 작업이 계속될 수 있도록, 특히 그녀의 아버지가 병상에 누웠을 때 도움을 주었다. 그의 아들 라스무스 리스케르 스미트는 때마다 기술적으로 도움을 제공했다. 크누드의 아내 보딜 리스케르는 셀 수 없는 방식으로 이 책의 진행을 확고히 도왔다. 발과 B. 바크 크리스티안센은 친절하게도 자료 조사와 번역에 큰 도움을 주었다.

코펜하겐 회화 도서관에 연락할 때는 필히 메테 스테겔만을 거치게 된다. 메테는 이 프로젝트를 진행하면서 크누드와 나를 매일매일 도왔다. 그녀는 사진을 찾거나, 계약을 처리하거나, 혹은 대서양 건너편으로 급한 메시지를 보낼 때도 가장 먼저 찾는 사람이었다. 함께 일하기에 즐거운 사람이기도 했다.

크누드 페데르센은 내가 만난 모든 사람들 중에서 가장 뛰어나며 가장 깊은 감명을 준 사람이었다. 크누드와 함께 너무나도 중요하지만 너무나 희미해진 2차 대전 이야기를 매일 나누면서 평생 이어질 흥분을 느꼈다. 우리는 수백 통의 이메일을 교환하면서 맨 끝에 늘 '사랑을 담아'라는 말로 마무리했다. 적어도 내 쪽에서는, 정말로 진심을 담아 썼던 말이다.

그림 출처

- Aalborg Katedralskole(올보르 성당 학교): 45, 132

- Bjørn Erikson: 89

- CORBIS: 174

- Estate of Knud Pedersen: 33, 43, 96, 138, 146, 156, 171, 197, 200, 226, 236

- Nationalmuseet/Frihedsmuseet(덴마크 국립 박물관/덴마크 레지스탕스 박물관)
  photograph by H. Lund Hansen: 16, 18, 20
  photograph by Scherl Bilderdienst: 23, 39
  photograph by John Lee: 56
  photograph by G. C. Krogh: 62, 64, 79, 82, 86, 107, 143, 164, 180, 182, 192, 201
  photograph by Jørgen Nielsen: 212, 214, 216, 217

- Niels Gyrsting Collection: 4, 21, 29, 40, 50, 54, 60, 65, 68, 70, 72, 92, 104, 112, 120, 130, 142, 153, 158, 161, 172, 175, 184, 189, 220, 222, 238

- Sandi Ste. George: 8

- Wikipedia: 99

변화는 언제나 평범한 사람들로부터

용혜인(청년 운동가)

역사에 남을 위대한 변화는 흔히 많이 배운 지식인이나 뛰어난 지도자들의 업적으로 생각되고는 합니다. 하지만 실제로는 전혀 예상치 못한 곳에서, 지식인이나 정치 지도자가 아닌 평범한 사람들이 세상을 바꿔 왔습니다.

2014년 4월 16일, 많은 사람들의 마음을 아프게 했던 세월호 참사가 있었습니다. 아무 대책 없이 가만히 있으라고만 하는 무능한 정부와 지도자들을 보면서 그저 가만히 있을 수 없었던 사람들이 있었습니다. 거창하게 역사에 이름을 남기고자 하는 게 아니라, 그저 가만히 있을 수 없어서 무엇이든 할 수 있는 걸 찾은 사람들이 있었습니다. 기도를 하고, 집회에 참석해 촛불을 밝히고, 피켓을 들며 외치고, 노란 리본을 나눠 주고, 서명을 받고, 단식에 동참한 사람들이 있었습니다. 그저 가만히 있을 수 없어서 무엇이라도 하고자 했던 사람들의 마음과 행동이 모이고 모여, 세월호 참사의 진상을 밝히고 이윤보다 인간이 더 중요한 사회를 만들자는 거대한 사회적 외침이 되었습니다.

우리의 3·1운동을 한번 생각해 볼까요? 지식인들이 원래 예정되어 있던 탑골공원이 아닌 태화관에 모여 실내에서 독립선언서를 낭독하고 순순히 자진해서 일본 경찰에 잡혀갔을 때, 학생들은 다른 선택을 했습니다. 탑골공원에 모여 따로 독립선언서를 낭독하고 종로, 서울역, 서대문 일대를 행진하며 독립을 염원하는 더 많은 사람들의 참여와 저항을 만들어 냈고, 그렇게 3·1운동은 전국으로 확대되어 갔습니다.

이 책 『소년은 침묵하지 않는다』는 2차 대전 당시 덴마크의 도시 올보르에서 청소년들이 부당한 세력에 맞서 저항한 이야기를 담고 있습니다. 무기력하게 그저 가만히 침묵하는 지도자들을 보며 소년들은 '우리가 직접 나서겠다는 신념과 용기로 저항을 시작했습니다.

1940년 4월 9일, 덴마크 하늘에 독일군의 침공과 점령을 알리는 전단이 흩날렸습니다. 그리고 바로 다음 날, 덴마크의 수상 토르발 스타우닝과 국왕 크리스티안 10세는 독일의 덴마크 점령을 공식적으로 받아들이는 조약에 서명했습니다. 그날 덴마크 영토 안으로 1만 6,000여 명의 독일 군인들이 쏟아져 들어왔고, 덴마크인들은 큰 저항 없이 독일 군인들에게 빵과 술을 팔며 그들을 받아들였습니다.

전쟁이나 정치에는 별 관심이 없었고 그저 그림 그리는 걸 좋아했던 열네 살의 크누드 페데르센은 신문을 통해 같은 날 독일에게 침공당한 노르웨이의 소식을 접했습니다. 신문에는 노르웨이가 독일의 무력에 맞서 약소한 군대나마 동원해 저항한 이야기, 독일군에 의해 목숨을 잃은 노르웨이 국민들의 이야기가 가득했습니다.

크누드와 형 옌스는 이런 노르웨이인들의 저항과 희생에 대한 소식을 들으며, 독일군에 대한 두려움보다도 덴마크 지도자들에 대한 부끄러움을 더 크게 느꼈습니다. 1940년 여름, 방학을 맞이해 떠난 가족 여행에서 크누드는 아무것도 하지 않는 덴마크의 답답한 현실을 되뇌며, 한 가지 결심을 했습니다. "어른들이 나서지 않는다면, 우리가 하겠다."

책임과 의무를 다해야 할 정부나 지도자가 제 역할을 다 하지 못한다고 여겨질 때, 그 공동체의 구성원인 우리 앞에는 두 가지 선택지가 놓입니다. 외면하고 무기력에 빠지거나, 직접 나서거나. 1940년 덴마크의 이 소년은 좌절하고 무기력해지거나 누군가가 대신 움직이기를 기다리는 게 아니라, 직접 행동에 나서는 쪽을 선택한 것입니다. "누군가는 희망을 되살려야 하니까."

크누드와 옌스는 뜻이 맞는 친구들과 모여 레지스탕스 모임을 결성했습니다. 모임의 이름은 용맹한 영국 공군Royal Air Force의 머리글자를 따서 RAF로 정했습니다. 무기도 다뤄 본 적 없던 이 소년들이 할 수 있는 저항은 아주 사소한 것이었습니다. 자전거를 타고 백주 대낮에 도로를 내달리며 독일인들을 위해 세워 둔 표지판을 쓰러뜨리거나 전화선을 끊는 일이었습니다.

형제는 독일군의 요충지였던 올보르로 이사한 후, 친구들을 모아 새롭게 레지스탕스 조직을 만들고자 했습니다. 헬게, 에이길, 모겐스 톰센, 모겐스 피엘레루프, 뵈르게와 함께 '처칠 클럽'이라는 조직을 만들고, 구역과 역할을 나누고 규칙도 만들어 부모님들 몰래 본격적인 활동을 시작했습니다. 표지판 공격으로 시작된 활동은 점점 과감해져 불을 지르거나 차량을 파손하고 무기를 훔치는 일까지 하게 되었습니다. 소년들은 조직 안에서 자체적인 규칙을 따르며 저항운동을 점점 더 키워 나갔습니다. 서로 질투도 하고 빈정거리기도 했지만, 그들은 덴마크를 노르웨이처럼 일깨우겠다는 사명감 하나로 뭉쳤습니다.

처칠 클럽의 활동은 독일 당국을 점점 더 불편하게 만들었고 덴마크 경찰의 수사망도 점점 좁혀 왔지만 청소년들은 저항을 멈추지 않았습니다. 점점 더 많은 무기를 축적했고, 더 큰 공격을 계획했습니다. 이 평범한 소년들은 불의에 맞서 무기를 빼앗고 불을 지르면서도 사람을 해치는 일을 두고 고민했고, 가족 걱정에 주먹을 날리며 싸우기도 했습니다. 그러나 이런 고민과 두려움 속에서도 소년들은 멈출 수도, 돌이킬 수도 없었습니다. 여전히 덴마크는 독일에 점령된 상태였기 때문입니다. 곧 꼬리가 밟혔고, 소년들은 모두 체포되었습니다.

프로인 심문관들 앞에서 아마추어였던 소년들이 입을 맞춰 상황을 유리하게 끌고 가는 것은 불가능했습니다. 하지만 유죄를 선고받은 이들은 감옥 안에서도 바깥세상으로 돌아가 저항을 계속하기를 꿈꿨습니다. 평범한 소년들이었고 아마추어였지만, 재판에서 감형을 위해 '철없는 소년'이 되기를 거부했던 이들은 자신들의 싸움이 어떤 의미가 있는지, 혹은 어떤 의미를 가져야 하는지 잘 알고 있었던 것 같습니다. 처칠 클럽은 독일 점령 이후 덴마크 최초의 조직된 저항 세력이었고, 덴마크 국민들이 나치에 굴복하지 않았다는 소중한 증거입니다. 침묵으로 동조하던 지도자들이 아닌 십대들의 저항은, 이들을 지지하거나 비난하거나 상관없이 모든 덴마크인에게 충격을 안겨 주었습니다.

70여 년이 훌쩍 지난 오늘, 우리가 살고 있는 사회는 어떤가요? 살아남기 위해서 신념보다 기회주의가 더 환영받는 사회는 아닌가요? 부당한 상황에서도 아무런 불만도 품지 않고 순종해야 하며, 이를 따르지 않는 이들에게 붙는 '불순분자'라는 낙인과 그들을 향한 억압에 침묵으로 동조하도록 강요당하며 살고 있지는 않은가요? 혹은 그런 부당한 강요 앞에 '어차피 나서도 달라지지 않을 것'이라는 무력감을 느끼고 있지는 않은가요?

우리가 역사 속에서 '위대한 변화'라고 배우는 것들은 언제나 예상치 못한 곳에서, 평범한 사람들의 작은 저항으로부터 시작되었습니다. 덴마크의 소년들은 그들이 '타고난 위대한 사람이어서'가 아니라 가만히 있을 수 없어서, 그리고 누군가는 희망을 되살려야 했기 때문에 직접 나섰습니다. 덴마크를 억압하는 독일군에 맞서 자신들이 할 수 있는 방식으로 저항을 시작했습니다. 이 책을 다 읽고 난 뒤에는 '나치에 대항한 십대라니 참 대단하다.'라고 감탄하는 게 아니라, 여전히 우리에게 가만히 있으라고 말하는 이 사회에 '우리의' 저항을 시작하고 싶어 몸이 막 들썩들썩하면 좋겠습니다. 위대하고 엄청난 일이 아니어도 좋습니다. 아무리 사소해 보이더라도 '우리'의 희망을 되살리기 위한 것이라면 어떤 움직임이라도 좋습니다. 변화는 언제나 평범한 우리로부터 시작되니까요.

찾아보기